O CHAMADO DE CTHULHU

LOVECRAFT
O CHAMADO DE CTHULHU

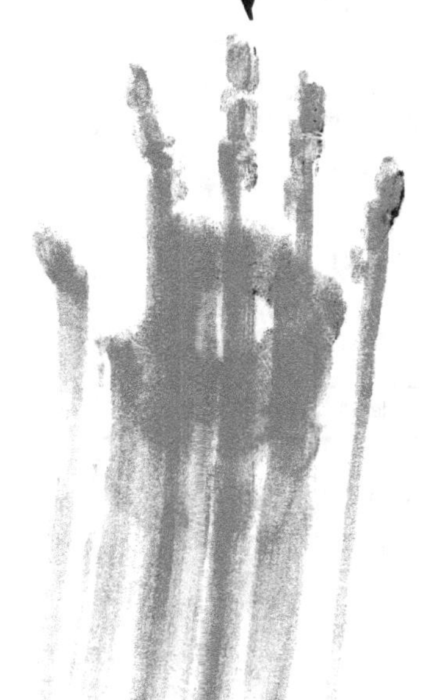

CONHEÇA NOSSOS LIVROS
ACESSANDO AQUI!

Título original: The Call of Cthulhu
Reservados todos os direitos desta tradução e produção, pela lei 9.610 de 19.2.1998.

2ª Impressão 2023

Presidente: Paulo Roberto Houch
MTB 0083982/SP

Coordenação Editorial: Priscilla Sipans
Coordenação de Arte: Rubens Martim (projeto gráfico e capa)
Imagens de capa: Shutterstock
Tradução: Gabriel Cól (Ex Oblivione, Memória, O Clérigo do Mal, O Povo Antigo);
Julia Fiuza (O Chamado de Cthulhu, Dagon, Velho Bugs, A Música de Erich Zann, A Chave de Prata, O Festival, Hipnos, Azathoth, O Cão de Caça); Leonan Mariano (A Estranha Casa na Neblina, A História do Necronomicon, O Livro, O Que a Lua Traz); Lilian Rozati (O Terrível Ancião).
Preparação de texto: Claudio Blanc
Revisão: Maria Alice Brasil
Diagramação: Jorge Toth
Produção Editorial: Vozes do Mundo Comunicações

Vendas: Tel.: (11) 3393-7727 (comercial2@editoraonline.com.br)

Foi feito o depósito legal.

Dados Internacionais de Catalogação na Publicação (CIP)
de acordo com ISBD

L897c   Lovecraft, H. P.

        O Chamado de Cthulhu / H. P. Lovecraft. - Barueri :
        Camelot Editora, 2022.
        144 p. ; 15,1cm x 23cm.

        ISBN: 978-65-80921-94-2

        1. Literatura americana. 2. Ficção. I. Título.

2022-2985   CDD 833
                      CDU 821.112.2-3

Elaborado por Vagner Rodolfo da Silva - CRB-8/9410

IBC — Instituto Brasileiro de Cultura LTDA
CNPJ 04.207.648/0001-94
Avenida Juruá, 762 — Alphaville Industrial
CEP. 06455-010 — Barueri/SP
www.editoraonline.com.br

SUMÁRIO

O CHAMADO DE CTHULHU (1926)..................................7

DAGON (1917) 38

ALÉM DA MURALHA DO SONO (1919) 44

VELHO BUGS (1919) 54

A MÚSICA DE ERICH ZANN (1921) 62

A CHAVE DE PRATA (1926) 71

O FESTIVAL (1923) 84

HIPNOS (1922)...93

AZATHOTH (1922) 100

O CÃO DE CAÇA (1922) 102

O TERRÍVEL ANCIÃO (1920) 110

A ESTRANHA CASA NA NEBLINA (1926) 113

A HISTÓRIA DO NECRONOMICON (1927) 122

EX OBLIVIONE (1921) 124

MEMÓRIA (1919) 126

O CLÉRIGO DO MAL (1933) 128

O LIVRO (1933) 132

O POVO ANTIGO (1927) 135

O QUE A LUA TRAZ (1922) 142

O CHAMADO DE CTHULHU (1926)

(Encontrado entre os papéis do falecido Francis
Wayland Thurston, de Boston)

*"De tais grandes poderes ou seres, pode ser concebível uma sobrevivência. . .
uma sobrevivência de um período extremamente remoto quando. . . a consciência
foi manifestada, talvez, em contornos e formas há muito desaparecidos, antes da
maré de progresso da humanidade. . . formas das quais a poesia e lenda somente
capturaram um esboço da memória e as chamaram de deuses, monstros, seres
míticos de todos os tipos e espécies. . . ."*
—Algernon Blackwood.

I. HORROR EM ARGILA

A coisa mais misericordiosa no mundo, penso eu, é a incapacidade da
mente humana de correlacionar todos os seus conteúdos. Vivemos em
uma ilha plácida de ignorância em meio aos mares obscuros do infinito
e não era a intenção de irmos tão longe.

As ciências, cada uma buscando sua própria direção, até agora pouco
nos prejudicaram; mas, algum dia, a junção do conhecimento dissociado
abrirá visões tão aterrorizantes da realidade e de nossa assustadora posição que, ou enlouqueceremos com a revelação, ou fugiremos da luz mortal buscando a paz e a segurança em uma nova Era de trevas.

Os teosofistas há muito conjecturavam sobre a pavorosa grandeza do
ciclo cósmico de onde nosso mundo e a raça humana formam incidentes
transitórios. Eles insinuaram sobre estranhas sobrevivências que congela-

"

riam o sangue caso não fossem mascaradas por um brando otimismo. Porém, não é deles que veio o singular vislumbre de Eras proibidas que me fazem arrepiar quando penso e que me enlouquece quando sonho com isso. Esse vislumbre, como todos os temíveis vislumbres da verdade, surgiu de uma junção acidental de coisas separadas — neste caso, um velho artigo de jornal e as notas de um catedrático falecido. Espero que ninguém mais consiga juntar as peças e, certamente, caso eu viver, jamais fornecerei conscientemente qualquer elo que forme essa hedionda corrente. Acho que o professor também pretendia manter silêncio sobre o que sabia e teria destruído suas anotações caso não tivesse morrido subitamente.

Tomei conhecimento do assunto no inverno de 1926-27 com a morte de meu tio-avô George Gammell Angell, professor emérito de línguas semíticas na Universidade Brown, Providence — Rhode Island. O professor Angell era amplamente conhecido como uma autoridade em escritas antigas e era frequentemente consultado pelos chefes de museus proeminentes; tanto que seu falecimento, aos noventa e dois anos, foi lembrado por muitos. Localmente, o interesse foi intensificado pela obscuridade da causa da morte. O professor teria sido acometido quando retornava do barco Newport; caindo, de repente, como testemunhas disseram, depois de ter sido empurrado por um negro com aspecto de marinheiro que vinha de uma das estranhas e obscuras quadras da encosta escarpada que formava um atalho entre a orla e a casa do falecido na rua Williams. Os médicos não conseguiram encontrar nenhum distúrbio visível, mas concluíram, após uma perplexa discussão, que alguma lesão desconhecida no coração, induzida pela subida rápida de uma colina tão íngreme, feita por um homem tão idoso, tenha sido a responsável pela morte. Na época, não vi razão para discordar, mas ultimamente estou inclinado a questionar-me, e mais do que isso.

Como herdeiro e testamenteiro do meu tio-avô, já que morreu viúvo e sem filhos, esperava-se de mim que eu examinasse seus papéis meticulosamente; e, com tal propósito, todo o seu conjunto de arquivos e caixas foram levados para meus aposentos em Boston. Muito do material que eu correlacionei será publicado postumamente pela Sociedade Americana de Arqueologia. Contudo, havia uma caixa que achei extremamente intrigante e que eu não queria mostrar a outros olhos. Ela havia sido trancada, e eu não encontrei a chave até me ocorrer a ideia de procurá-la no chaveiro que o professor sempre carregava no bolso. Então, de fato, consegui abri-la, mas quando o fiz, parecia apenas estar sendo confrontado por uma barreira ainda maior e melhor trancada. Pois qual poderia ser o significado do estranho baixo-relevo de argila e das anotações desconexas, divagações e recortes que encontrei? Teria meu tio, em seus últimos anos, se tornado crédulo das imposturas mais superficiais? Decidi pesquisar o excêntrico escultor responsável por essa aparente perturbação da paz de espírito de um velho.

O baixo-relevo era um retângulo tosco com menos de uma polegada de espessura e cerca de cinco por seis polegadas de área; obviamente, de origem moderna. Seu aspecto, no entanto, estava longe de sugerir uma atmosfera moderna; pois apesar dos caprichos do cubismo e do futurismo serem muitos e sem requintes, eles não reproduzem aquela regularidade enigmática que com frequência se esconde na escrita pré-histórica. E certamente parecia algum tipo de escrita a maior parte desses desenhos; a despeito da minha memória, e apesar de muita familiaridade com textos e coleções do meu tio, eu falhei de todas as formas em identificar essa espécie em particular ou mesmo insinuar a sua mais remota filiação.

Acima desses aparentes hieróglifos, havia uma figura de evidente intenção pictórica, embora sua execução impressionista impedisse uma ideia muito clara de sua natureza. Parecia ser uma espécie de monstro ou símbolo representando um monstro, de formato que só uma imaginação doentia poderia conceber. Se eu disser que minha imaginação um tanto quanto extravagante produziu imagens simultâneas de um polvo, um dragão e uma caricatura humana, não serei infiel ao espírito da coisa. Uma cabeça polpuda com tentáculos sobrepondo um corpo grotesco e escamoso com asas rudimentares; mas era o contorno geral do todo que o tornava mais chocante e assustador. Atrás da imagem havia uma vaga sugestão de um fundo arquitetônico ciclópico.

A escrita que acompanhava essa estranheza estava à parte, numa pilha de recortes de jornal, na caligrafia mais recente do professor Angell; que não fez pretensão de estilo literário. O que parecia ser o documento principal tinha o título "CULTO CTHULHU " em caracteres meticulosamente impressos para evitar a leitura errônea de uma palavra tão inédita. O manuscrito foi dividido em duas seções, sendo a primeira intitulada "1925 — Sonho e Trabalho dos Sonhos de H. A. Wilcox, 7 Thomas St., Providence, R.I.", e o segundo, "Narrativa do Inspetor John R. Legrasse, 121 Bienville St., New Orleans, Louisiana, em 1908 A. A. S. Mtg. — Notas sobre relato de Same & Prof. Webb." Os outros papéis manuscritos eram todos notas breves, alguns deles relatos de sonhos estranhos de pessoas diferentes, alguns deles citações de livros e revistas teosóficas (notavelmente Atlântica e Lemúria: Continentes Desaparecidos, de W. Scott-Elliot), e o restante eram comentários sobre sociedades e cultos secretos, sobreviventes de longa data, com referências a passagens em livros-fonte mitológicos e antropológicos como *Golden Bough* (O Ramo de Ouro), de Frazer, e *Witch-Cult in Western Europe* (O Culto das Bruxas na Europa Ocidental), de Margareth Murray. Os recortes aludiam em grande parte a doenças mentais e surtos de loucura coletiva ou manias na primavera de 1925.

A primeira metade do principal manuscrito contava uma história muito peculiar. Parece que em 1º de março de 1925, um jovem magro, moreno, de aspecto neurótico e excitado, visitou o professor Angell portando o singular baixo-relevo de argila, que estava então extremamente úmido e fresco. Seu cartão trazia o nome de Henry Anthony Wilcox e meu tio o reconheceu como o filho mais novo de uma excelente família que ele conhecia superficialmente, que estudava há algum tempo na Rhode Island School of Design, morando sozinho no edifício Fleur-de-Lys, perto daquela instituição. Wilcox era um jovem precoce de gênio conhecido, porém, de grande excentricidade e que, desde a infância, dava entusiasmada atenção a histórias e sonhos estranhos que tinha por hábito se relacionar. Ele se autodenominava "psiquicamente hipersensível", mas o povo sério da antiga cidade comercial o considerava meramente "esquisito". Nunca se misturando muito com os de sua espécie, saiu gradualmente da visibilidade social, e agora era conhecido apenas por um pequeno grupo de estetas de outras cidades. Até o Providence Art Club, ansioso por preservar seu conservadorismo, o achara bastante desesperado.

Por ocasião da visita, dizia o manuscrito do professor, o escultor pediu abruptamente o benefício dos conhecimentos arqueológicos de seu anfitrião na identificação dos hieróglifos no baixo-relevo. Ele falava de uma maneira sonhadora e afetada que sugeria postura e simpatia perturbada; e meu tio respondeu com certa perspicácia, pois o notável frescor da tabuinha implicava parentesco com tudo menos arqueologia. A réplica do jovem Wilcox, que impressionou meu tio o suficiente para fazê-lo lembrar e registrá-la literalmente, era de um elenco fantasticamente poético que deve ter tipificado toda a sua conversa e que, desde então, achei altamente característico dele. Ele disse:

— É novo, de fato, porque o fiz ontem à noite após sonhar com cidades estranhas; e os sonhos são mais antigos que o pensativo Tyre, ou a contemplativa Esfinge, ou que os Jardins Suspensos da Babilônia.

Foi então que ele começou aquela história desconexa que de repente tocou uma memória adormecida e ganhou o interesse febril de meu tio. Houve um leve tremor de terremoto na noite anterior, o mais considerável sentido na Nova Inglaterra em anos; e a imaginação de Wilcox fora profundamente afetada. Ao ir dormir, ele teve um sonho sem precedentes com grandes cidades ciclópicas de blocos titânicos e monolitos lançados ao céu, tudo gotejando lodo verde e sinistro com latente horror. Hieróglifos cobriam as paredes e pilares e, de algum ponto indeterminado abaixo, veio uma voz que não era uma voz; era uma sensação caótica que só a fantasia poderia transmutar em som, mas que ele tentou traduzir pelo emaranhado de letras quase impronunciável, "Cthulhu fhtagn".

Essa confusão verbal foi a chave para a lembrança que empolgou e perturbou o professor Angell. Ele questionou o escultor com minúcia científica; e estudou com uma intensidade quase frenética o baixo-relevo em que o jovem se encontrou trabalhando, gelado e vestido apenas com sua roupa de dormir, quando o despertar recaiu furtiva e desconcertantemente sobre ele. Meu tio culpou sua velhice, disse Wilcox posteriormente, por sua lentidão em reconhecer tanto hieróglifos quanto desenhos pictóricos. Muitas de suas perguntas pareciam altamente deslocadas para o visitante, especialmente aquelas que tentavam ligá-lo a cultos ou sociedades estranhas; e Wilcox não conseguia entender as repetidas promessas de silêncio que lhe eram oferecidas em troca da admissão como membro de algum corpo religioso místico ou pagão amplamente difundido. Quando o professor Angell se convenceu de que o escultor de fato ignorava qualquer culto ou sistema de conhecimento enigmático, cercou seu visitante com demandas futuras de relatos sobre os sonhos. Isso deu frutos regulares, pois após a primeira entrevista o manuscrito registrou chamadas diárias do jovem, durante as quais ele relatou fragmentos surpreendentes de imagens noturnas cujo fardo era sempre alguma terrível visão ciclópica de pedra escura e gotejante, com uma voz ou inteligência subterrânea gritando monotonamente em enigmáticos impactos sensoriais indescritíveis, registrados como rabiscos. Os dois sons repetidos com mais frequência são aqueles representados pelas letras "Cthulhu" e "R'lyeh".

Em 23 de março, continuou o manuscrito, Wilcox não apareceu; e investigações em seus aposentos revelaram que ele havia sido acometido de uma espécie obscura de febre, sendo levado para a casa de sua família em Waterman Street. Ele havia gritado durante a noite, despertando vários outros artistas no prédio e, desde então, havia manifestado apenas alternâncias de inconsciência e delírio. Meu tio prontamente telefonou para a família e, a partir de então, acompanhou o caso de perto, ligando frequentemente para o escritório do Dr. Tobey na Thayer Street, quem ele descobriu ser o responsável. A mente febril do jovem estava, aparentemente, habitando em coisas estranhas; e o médico estremecia de vez em quando ao falar delas. Elas incluíam não apenas uma repetição do que ele havia sonhado anteriormente, mas tocavam descontroladamente em uma coisa gigantesca "a milhas de altura" que perambulava ou se arrastava por aí. Ele nunca descreveu completamente a coisa, mas palavras frenéticas ocasionais, como repetidas pelo Dr. Tobey, convenceram o professor de que deveria ser idêntica à monstruosidade sem nome que ele tentara retratar em sua escultura onírica. A referência a esse objeto, acrescentou o médico, era invariavelmente um prelúdio para a queda do jovem na letargia. Sua temperatura, curiosamente, não estava muito acima do normal; mas toda a sua condição era tal que sugeria febre verdadeira em vez de desordem mental.

No dia 2 de abril, por volta das 15 horas, todos os vestígios da doença de Wilcox cessaram de repente. Sentou-se ereto na cama, espantado por se encontrar em casa e completamente ignorante do que havia sucedido em sonho ou realidade desde a noite de 22 de março. Declarado sadio por seu médico, ele voltou para seus aposentos em três dias; mas, para o professor Angell, ele não foi de mais ajuda. Todos os vestígios dos estranhos sonhos desapareceram com sua recuperação, e meu tio não manteve nenhum registro de seus pensamentos noturnos após uma semana de relatos inúteis e irrelevantes de visões completamente usuais.

Aqui terminava a primeira parte do manuscrito, mas as referências a algumas das notas dispersas me deram muito material para pensar — tanto, de fato, que apenas o ceticismo arraigado que então formava minha filosofia poderia explicar minha contínua desconfiança para com o artista. As notas em questão eram aquelas descritivas dos sonhos de várias pessoas que cobriam o mesmo período em que o jovem Wilcox fizera suas estranhas visitas. Meu tio, ao que parece, rapidamente instituiu um corpo prodigiosamente extenso de perguntas entre quase todos os amigos que ele podia questionar sem impertinência, pedindo relatórios noturnos de seus sonhos e as datas de quaisquer visões notáveis de algum tempo passado. A recepção de seu pedido parece ter sido variada; mas ele deve, no mínimo, ter recebido mais respostas do que qualquer homem comum poderia receber sem uma secretária. Esta correspondência original não foi preservada, mas suas notas formaram um resumo completo e realmente significativo. As pessoas comuns na sociedade e nos negócios — o tradicional "sal da terra" da Nova Inglaterra — deram um resultado quase completamente negativo, embora casos dispersos de impressões noturnas inquietas, mas informes, apareçam aqui e ali, sempre entre 23 de março e 2 de abril — o período do delírio do jovem Wilcox. Os cientistas foram um pouco mais afetados, embora quatro casos de descrição vaga sugerissem vislumbres fugazes de paisagens estranhas e, em um caso, um medo de algo anormal.

Foi dos artistas e poetas que vieram as respostas pertinentes e eu sei que o pânico teria eclodido se eles pudessem comparar suas anotações. Do jeito que estava, na falta de suas cartas originais, eu meio que suspeitava que o compilador tivesse feito perguntas importantes ou que tivesse editado a similaridade que corroborava com o que ele latentemente havia resolvido ver. É por isso que continuei a sentir que Wilcox, de alguma forma ciente dos dados antigos que meu tio possuía, vinha se impondo ao cientista veterano. Essas respostas dos estetas revelaram uma história perturbadora. De 28 de fevereiro a 2 de abril, grande parte deles havia sonhado com coisas muito bizarras, sendo a intensidade dos sonhos incomensuravelmente mais forte durante o período do delírio do escultor. Mais de um quarto dos que reportaram alguma coisa relataram cenas e meios-sons não muito diferentes daqueles que Wilcox havia descrito; e alguns confessaram um medo agudo da gigantesca coisa sem nome visível nos últimos sonhos. Um caso, que as anotações descrevem com ênfase, foi muito triste. O sujeito, um arquiteto amplamente conhecido, com inclinações para a teosofia e o ocultismo, enlouqueceu violentamente na data da convulsão do jovem Wilcox e morreu vários meses depois, após gritos incessantes para ser salvo de algum habitante fugido do inferno. Meu tio se referiu a esses casos pelo nome em vez de um mero número; eu deveria ter tentado alguma corroboração e investigação pessoal; mas do jeito que estava, consegui apenas rastrear alguns. Todos estes, no entanto, confirmaram as anotações na íntegra. Muitas vezes me perguntei se todos os objetos do questionamento do professor pareciam tão confusos quanto essa fração. É bom que nenhuma explicação jamais chegue a eles.

Os recortes de imprensa, como insinuei, abordavam casos de pânico, mania e excentricidade durante aquele determinado período. O professor Angell deve ter empregado um serviço especializado, pois o número de passagens era enorme e as fontes estavam espalhadas por todo o globo. Havia um caso de suicídio noturno em Londres, onde um dorminhoco solitário saltou de uma janela após um grito chocante. Havia também uma carta desconexa ao editor de um jornal na América do Sul, onde um fanático previa um futuro terrível a partir das visões que tivera. Um despacho da Califórnia descreve uma colônia de teósofos vestindo mantos brancos reunidos para alguma "realização gloriosa" que nunca chegou, enquanto itens da Índia falavam cautelosamente de uma séria agitação local ao final de março. Orgias de vodu se multiplicam no Haiti e postos avançados africanos relatavam murmúrios sinistros. Oficiais americanos nas Filipinas encontraram certas tribos problemáticas nessa época e policiais de Nova York foram cercados por levantinos histéricos na noite de 22 a 23 de março. O oeste da Irlanda também estava cheio de rumores e lendas selvagens, e um pintor fantástico chamado Ardois-Bonnot expôs a blasfema obra "Paisagem dos Sonhos" no salão de primavera de Paris de 1926. Tão numerosos são os problemas registrados em manicômios, que só um milagre poderia ter impedido a comunidade médica de notar estranhos paralelismos e tirar conclusões mistificadas. Era um monte estranho de recortes, em geral; e hoje mal consigo imaginar o racionalismo insensível com que os deixei de lado. Mas fiquei então convencido de que o jovem Wilcox tinha conhecimento dos casos mais antigos mencionados pelo professor.

II. O CONTO DO INSPETOR LEGRASSE

Os casos mais antigos que tinham feito o sonho do escultor e o baixo-relevo tão significativos para meu tio foram tratados na segunda metade de seu longo manuscrito. Anteriormente, ao que parece, o professor Angell tinha visto os contornos infernais da monstruosidade sem nome, ficara intrigado com os hieróglifos desconhecidos, e ouvira as sílabas sinistras que só podiam ser traduzidas como "Cthulhu"; e tudo isso em uma conexão tão emocionante e horrível que não é de admirar que ele tenha importunado o jovem Wilcox com perguntas e solicitações por dados.

A experiência anterior ocorreu em 1908, dezessete anos antes, quando a Sociedade Americana de Arqueologia realizou sua reunião anual em St. Louis. O professor Angell, como convinha para alguém de sua autoridade e realizações, teve um papel proeminente em todas as deliberações; e foi um dos primeiros a serem abordados pelos diversos forasteiros que aproveitaram a convocação para buscar respostas corretas e trazer problemas para a solução de especialistas.

O chefe desses forasteiros, e em pouco tempo o foco de interesse de toda a reunião, era um homem de meia-idade, de aparência comum, que havia vindo de Nova Orleans em busca de certas informações especiais que não podiam ser obtidas de qualquer fonte local. Seu nome era John Raymond Legrasse, um inspetor de polícia por profissão. Levava consigo o tema de sua visita: uma estatueta de pedra grotesca, repulsiva e aparentemente muito antiga, cuja origem não sabia determinar. Não se deve supor que o inspetor Legrasse tivesse o menor interesse em arqueologia. Pelo contrário, seu desejo de esclarecimento foi motivado por considerações puramente profissionais. A estatueta, ídolo, fetiche, ou o que quer que fosse, havia sido apreendida alguns meses antes nos pântanos arborizados ao sul de Nova Orleans durante uma batida policial em uma suposta cerimônia de vodu; e tão singulares e hediondos eram os ritos ligados a ela que a polícia não pôde deixar de perceber que eles haviam esbarrado em um culto sombrio, totalmente desconhecido, e infinitamente mais diabólico do que os mais obscuros círculos de vodu africano.

A respeito de sua origem, além de histórias inconstantes e inacreditáveis arrancadas dos membros capturados, absolutamente nada mais foi descoberto; daí a ansiedade da polícia por qualquer opinião de especialistas que pudesse ajudá-los a investigar o símbolo assustador e, através dele, rastrear o culto até sua fonte.

O inspetor Legrasse estava mal preparado para a impacto que sua proposta acabou criando.

Uma única visão do objeto foi o suficiente para lançar os cientistas reunidos em um estado de tensa excitação, e não perderam tempo em se aglomerar ao redor dele e contemplar aquela diminuta imagem, cuja estranheza e ar de antiguidade genuinamente abismal sugeria tão poderosamente uma perspectiva oculta e arcaica. Nenhuma escola de escultura reconhecida havia trazido esse terrível objeto à vida; no entanto, séculos e até milhares de anos pareciam estar registrados na superfície turva e esverdeada da incognoscível pedra.

A imagem, que finalmente era passada lentamente de homem a homem para um cuidadoso estudo, tinha entre sete e oito polegadas de altura e era de um trabalho artístico requintado. Representava um monstro de traços vagamente antropoides, porém, tinha cabeça de polvo com a face repleta de tentáculos, o corpo era escamoso com aspecto de borracha, possuía garras prodigiosas tanto nas patas traseiras quanto nas dianteiras, e asas longas e estreitas. Essa coisa, que aparentava uma malignidade instintivamente assustadora e antinatural, era de uma corpulência um tanto inchada e estava maldosamente agachada em um bloco retangular ou pedestal coberto de caracteres indecifráveis. As pontas das asas tocavam a borda traseira do bloco, o assento ocupava o centro, enquanto as garras longas e curvas das patas traseiras dobradas e agachadas agarravam a borda dianteira, estendendo-se a um quarto do caminho até o fundo do pedestal. A cabeça do cefalópode estava inclinada para a frente, de modo que as extremidades das antenas faciais roçavam as costas das enormes patas dianteiras que prendiam os joelhos elevados pelo agachamento. O aspecto do todo era anormalmente realista e sutilmente amedrontador, pois sua origem era totalmente desconhecida. Sua vasta, impressionante e incalculável idade era inegável; no entanto, não tinha ligação com qualquer tipo de arte pertencente aos primórdios da civilização e, certamente, a qualquer outra época. De uma categoria totalmente única, o próprio material usado era um mistério, já que a pedra preta esverdeada parecendo sabão com sardas e estrias douradas ou iridescentes não parecia nada familiar à geologia ou mineralogia. Os caracteres ao longo da base eram igualmente desconcertantes, apesar de metade dos especialistas nesse assunto no mundo estarem presentes, nenhum deles pôde tirar qualquer conclusão sobre o parentesco linguístico mais remoto. Tanto os caracteres como o motivo e o material pertenciam a algo terrivelmente mais remoto e distinto da humanidade como a conhecemos; algo assustadoramente sugestivo de ciclos de vida antigos e profanos não pertencentes ao nosso mundo e às nossas concepções.

E, no entanto, enquanto os membros reunidos balançavam a cabeça e confessavam derrota em face do problema apresentado pelo inspetor, havia um homem que percebeu um toque de familiaridade bizarra entre a forma monstruosa e escrita, e logo contou, com alguma timidez, as poucas informações estranhas que sabia. Essa pessoa era o falecido William Channing Webb, professor de antropologia na Universidade de Princeton e um explorador de pouca importância. O professor Webb esteve engajado, quarenta e oito anos antes, em uma excursão através da Groenlândia e Islândia buscando algumas inscrições rúnicas que não conseguiu encontrar; porém, no alto da costa oeste da Groenlândia, havia encontrado uma tribo ou culto singular de esquimós degenerados cuja religião, uma curiosa forma de adoração ao diabo, o deixou arrepiado pela deliberada sede de sangue e repulsa. Era uma fé sobre a qual outros esquimós pouco sabiam e que mencionavam apenas com estremecimento, dizendo que vinha de Eras terrivelmente antigas, anteriores à criação do mundo.

Além de ritos inomináveis e sacrifícios humanos, havia certos estranhos rituais hereditários em adoração a um supremo demônio ancião ou *tornasuk*; e disso o professor Webb havia tirado uma cuidadosa transcrição fonética de um velho sacerdote-mago *angekokor*, expressando os sons em letras romanas da melhor maneira que sabia. Agora, a importância primordial era o fetiche que esse culto havia acalentado, ao redor do qual eles dançavam quando a aurora despontava bem no alto dos penhascos de gelo. Tratava-se, afirmou o professor, de um baixo-relevo bruto feito de pedra, composto por uma imagem hedionda e alguns escritos enigmáticos. E até onde ele podia dizer, era um paralelo grosseiro com todas as características essenciais daquela coisa bestial que agora estava diante deles.

Essas informações, recebidas com suspense e espanto pelos membros ali reunidos, mostraram-se duplamente estimulantes ao inspetor Legrasse, que começou imediatamente a encher seu informante de perguntas. Tendo anotado e copiado um ritual oral entre os adoradores do culto do pântano e seus prisioneiros, ele implorou ao professor que se lembrasse de tudo o que pudesse sobre as sílabas anotadas entre os esquimós diabólicos. Seguiu-se então uma exaustiva comparação dos detalhes e um momento de silêncio realmente assombroso, quando ambos, detetive e cientista, concordaram acerca da composição aproximada da frase comum aos dois rituais infernais separados por tantos mundos de distância. O que, em essência, tanto os magos esquimós quanto os sacerdotes do pântano da Louisiana cantavam para seus ídolos afins era algo muito parecido com isso — incluindo as divisões de palavras adivinhadas a partir das pausas da frase conforme cantada em voz alta:

"Ph'nglui mglw'nafh Cthulhu R'lyeh wgah'nagl fhtagn."

Legrasse estava um passo à frente do professor Webb, pois vários entre seus prisioneiros mestiços haviam repetido para ele o que os celebrantes mais velhos lhes haviam dito sobre o significado das palavras. Este texto, de acordo com o que diziam, tinha o seguinte sentido:

— Em sua casa em R'lyeh, o morto Cthulhu espera sonhando.

E agora, em resposta a uma demanda geral e urgente, o inspetor Legrasse relatou da maneira mais completa possível sua experiência com os adoradores do pântano; contando uma história à qual pude perceber que meu tio dera um significado profundo. Isso dava sabor aos sonhos mais loucos dos criadores de mitos e teosofistas e revelava um grau espantoso de imaginação cósmica que não se acreditava existir entre os mestiços e párias.

Em 1º de novembro de 1907, chegara à polícia de Nova Orleans uma convocação frenética da região dos pântanos e lagoas ao sul. Os colonos da região, em sua maioria primitivos, mas descendentes bem-humorados dos homens de Lafitte, estavam sob o domínio do terror absoluto de uma coisa desconhecida que havia se movido entre eles durante a noite. Era vodu, aparentemente, mas em vodu de um tipo mais terrível do que aquele que conheciam; e algumas de suas mulheres e crianças haviam desaparecido desde que o malévolo tambor começara sua incessante batida dentro da floresta escura e assombrada, onde nenhum morador se aventurava. Havia gritos insanos e angustiantes, cantos de arrepiar a alma e chamas demoníacas dançantes; e, acrescentou o mensageiro assustado, o povo não aguentou mais.

Assim, um grupo de vinte policiais, lotando duas carruagens e um automóvel, partiu no final da tarde com o grileiro apavorado como guia. No final da estrada transitável, eles desceram e por milhas chapinharam em silêncio através dos terríveis bosques de ciprestes aonde o dia nunca chegava. Raízes feias e laços malignos de cipós os cercavam e, de vez em quando, uma pilha de pedras úmidas ou fragmentos de um muro em decomposição intensificados por indícios de habitação mórbida; uma depressão que cada árvore malformada e cada ilhota de fungos se combinavam para criar. Ao longe, o assentamento dos colonos, um miserável amontoado de cabanas, pairava à vista; e moradores histéricos correram para se aglomerar ao redor do grupo de lanternas que balançavam. A batida abafada dos tambores — muito, muito à frente — estava praticamente inaudível; e um grito lancinante se ouvia, em intervalos pouco frequentes, quando o vento mudava. Um clarão avermelhado também parecia infiltrar-se através da pálida vegetação rasteira além das intermináveis avenidas na noite da floresta. Relutantes até mesmo em serem deixados sozinhos novamente, cada um dos colonos acovardados recusou-se veementemente a avançar mais um centímetro na direção da cena de adoração profana; o inspetor Legrasse e seus dezenove colegas mergulharam, então, sem guia, nas arcadas negras de horror que nenhum deles jamais havia pisado.

A região agora invadida pela polícia era de tradicional má reputação, substancialmente desconhecida e não frequentada por homens brancos. Havia lendas de um lago escondido, não vislumbrado pela visão mortal, no qual morava uma coisa poliposa branca, enorme e informe, com olhos luminosos; os colonos sussurravam que demônios com asas de morcego voavam do interior das cavernas para adorá-la à meia-noite. Disseram que aquilo já estava lá desde antes de D'Iberville, antes de La Salle, antes dos índios, e antes mesmo até das bestas e pássaros das florestas. Era o próprio pesadelo, e vê-la era morrer. Contudo, ela fazia os homens sonharem, e assim eles sabiam o suficiente para se manterem afastados.

A orgia vodu atual estava, de fato, na mera margem desta área abominável, mas aquele local era ruim o suficiente; portanto, talvez o próprio local do culto tivesse aterrorizado mais os colonos do que os sons e incidentes chocantes.

Somente a poesia ou a loucura poderiam fazer justiça aos ruídos ouvidos pelos homens de Legrasse enquanto eles avançavam pelo pântano negro em direção ao clarão vermelho e aos tambores abafados. Existem qualidades vocais peculiares aos homens e qualidades vocais peculiares aos animais; e é terrível ouvir um quando a fonte deveria vir de outro.

A fúria animal e a licenciosidade orgiástica aqui se açoitavam mutuamente a alturas demoníacas por meio de uivos e êxtases que rasgavam e reverberavam entre os bosques noturnos como tempestades pestilentas dos golfos do inferno. De vez em quando os gritos de dor cessavam, e do que parecia um coro bem ensaiado de vozes roucas surgia uma cantiga cantada daquela hedionda frase ou ritual:

"Ph'nglui mglw'nafh Cthulhu R'lyeh wgah'nagl fhtagn."

Então os homens, tendo chegado a um ponto onde as árvores eram mais finas, avistaram de repente o próprio espetáculo. Quatro deles cambalearam, um desmaiou e dois foram sacudidos num grito frenético que a cacofonia louca da orgia felizmente amorteceu. Legrasse jogou água do pântano no rosto do homem desmaiado e todos ficaram tremendo, quase hipnotizados de horror.

Em uma clareira natural do pântano havia uma ilha gramada de talvez um acre de extensão, livre de árvores e razoavelmente seca. Sobre ela agora saltava e retorcia uma horda de indescritível anormalidade humana sem precedentes que somente um Sime[1] ou um Angarola poderiam pintar. Sem roupas, essa criatura híbrida zurrava, berrava e se contorcia em torno de uma monstruosa fogueira em forma de anel, no centro do qual, revelado por fendas ocasionais na cortina de chamas, havia um grande monólito de granito com cerca de dois metros e meio de altura; em cima dela, incongruente pelo seu diminuto tamanho, repousava a nociva estatueta esculpida. De um amplo círculo de dez andaimes montados em intervalos regulares com o monólito cercado de chamas como centro, pendiam, de cabeça para baixo, os corpos estranhamente desfigurados dos colonos indefesos que haviam desaparecido. Foi dentro deste círculo que o anel de adoradores saltou e rugiu; a direção geral do movimento de massa era da esquerda para a direita num bacanal interminável entre o anel de corpos e o anel de fogo.

Pode ter sido apenas imaginação e podem ter sido apenas ecos que induziram um dos homens, um espanhol excitável, a imaginar que ele ouviu respostas antifonais ao ritual de algum ponto distante e não iluminado no fundo da floresta de lendas e horrores antigos. Este homem, Joseph D. Galvez, que conheci e questionei posteriormente, provou ser perturbadoramente imaginativo. Ele realmente chegou ao ponto de sugerir o fraco bater de grandes asas e um vislumbre de olhos brilhantes e uma massa branca montanhosa além das árvores mais remotas — mas suponho que ele estivesse ouvindo muita superstição nativa.

Na verdade, a pausa horrorizada dos homens foi de duração relativamente breve. O dever vinha primeiro; e, embora devesse haver quase uma centena de mestiços celebrantes na multidão, a polícia confiou em suas armas de fogo e mergulhou resolutamente na debandada nauseante. Por cinco minutos, o barulho e o caos resultantes eram indescritíveis. Golpes selvagens foram desferidos, tiros foram disparados e fugas foram feitas; mas, no final, Legrasse foi capaz de contar quarenta e sete prisioneiros taciturnos, que forçou vestirem-se e enfileirarem-se às pressas entre duas

---

1   Sidney H. Sime (1867-1941) pintor britânico, e Anthony Angarola (1893-1929), pintor americano. (N. do E.)

fileiras de policiais. Cinco dos fiéis jaziam mortos, e dois gravemente feridos foram levados em macas improvisadas por seus companheiros de prisão. A imagem no monólito, é claro, foi cuidadosamente removida e levada de volta por Legrasse.

Examinados no quartel-general após uma viagem de intensa tensão e cansaço, todos os prisioneiros provaram ser homens de um tipo muito baixo, mestiço e mentalidade aberrante. A maioria era de marinheiros, um punhado de negros e mulatos, em grande parte índios ocidentais ou portugueses de Brava das ilhas do Cabo Verde, dando um colorido de voduísmo ao culto heterogêneo. Mas antes que muitas perguntas fossem feitas, tornou-se evidente que algo muito mais profundo e mais antigo do que o fetichismo negro estava envolvido. Degradadas e ignorantes como eram, as criaturas mantinham com surpreendente consistência a ideia central de sua fé repugnante.

Eles adoravam, assim diziam, os Grandes Antigos que viveram Eras antes dos homens existirem, e que vieram do céu para o jovem mundo. Esses Antigos haviam partido para dentro da terra e para o fundo do mar; mas seus cadáveres contaram seus segredos em sonhos aos primeiros homens, que formaram um culto que nunca havia morrido. Este era aquele culto, e os prisioneiros disseram que sempre existira e sempre existiria, escondido em desertos distantes e lugares escuros em todo o mundo até o momento em que o grande sacerdote Cthulhu, de sua casa escura na poderosa cidade de R'lyeh, debaixo das águas, deveria se erguer e novamente colocar a terra sob seu domínio. Algum dia ele faria o chamado, quando as estrelas estivessem prontas, e o culto secreto estaria sempre esperando para libertá-lo.

Enquanto isso, nada mais devia ser dito. Havia um segredo que nem a tortura conseguia extrair. A humanidade não estava absolutamente sozinha entre as coisas conscientes da terra, pois as formas saíam da escuridão para visitar os poucos fiéis. Mas não eram os Grandes Antigos. Nenhum homem jamais havia visto os Antigos. O ídolo esculpido era o grande Cthulhu, mas ninguém poderia dizer se os outros eram ou não exatamente como ele. Ninguém podia ler a velha escrita agora, mas as coisas eram contadas de boca em boca. O ritual cantado não era o segredo — isso nunca era falado em voz alta, apenas sussurrado. O canto significava apenas isso: "Em sua casa em R'lyeh, o morto Cthulhu espera sonhando".

Apenas dois dos prisioneiros foram considerados sãos o suficiente para serem enforcados, e os demais foram internados em várias instituições. Todos negaram tomar parte nos assassinatos rituais, e afirmaram que a matança tinha sido feita por criaturas Aladas Negras que vieram até eles de seu ponto de encontro imemorial na floresta assombrada. Mas desses misteriosos aliados, nenhum relato coerente jamais pôde ser obtido. O que a polícia extraiu veio principalmente de um mestiço imensamente idoso chamado Castro, que alegou ter navegado para portos estranhos e conversado com líderes imortais do culto nas montanhas da China.

O velho Castro se lembrava de pedaços de horríveis lendas que empalideciam as especulações dos teosofistas e faziam o homem e o mundo parecerem recente e transitório. Houve Eras quando outras Coisas governaram a Terra, e Eles tiveram grandes cidades. Restos d'Eles — disse ele que os chineses imortais lhe contaram — ainda podem ser encontrados como pedras ciclópicas nas ilhas do Pacífico. Todos eles morreram nas vastas épocas antes que os homens chegassem, mas havia artes que poderiam revivê-los quando as estrelas voltassem para as posições corretas no ciclo da eternidade. Eles vieram, de fato, das estrelas, e trouxeram Suas imagens com eles.

Esses Grandes Antigos, continuou Castro, não eram totalmente compostos de carne e osso. Eles tinham forma — pois essa imagem em forma de estrela não provava isso? — porém, essa forma não era feita de matéria. Quando as estrelas estavam alinhadas, Eles podiam mergulhar de mundo em mundo através do céu; mas quando as estrelas estavam desalinhadas, Eles não podiam viver. Mas, embora Eles não vivessem mais, nunca morreriam de verdade. Todos eles jaziam em casas de pedra na Sua grande cidade de R'lyeh, preservadas pelos feitiços do poderoso Cthulhu para uma gloriosa ressurreição, quando as estrelas e a Terra pudessem mais uma vez estar prontas para Eles. Mas, nesse momento, alguma força exterior deveria servir para liberar Seus corpos. Os feitiços que os preserva intactos também os impediram de fazer o movimento inicial, e Eles só podiam ficar acordados no escuro e pensar, enquanto incontáveis milhões de anos se passavam. Eles sabiam tudo o que estava ocorrendo no universo, mas Seu modo de falar era o pensamento transmitido. Mesmo agora, Eles falavam em Seus túmulos. Quando, após infinito caos, os primeiros homens chegaram, os Grandes Antigos falaram aos sensíveis, moldando seus sonhos entre eles; pois somente assim Sua linguagem poderia alcançar as mentes carnais dos mamíferos.

Então, sussurrou Castro, aqueles primeiros homens criaram o culto em torno dos pequenos ídolos que os Grandes lhes haviam mostrado; ídolos trazidos de Eras escuras oriundos de estrelas escuras. Esse culto nunca morreria até que as estrelas voltassem a se alinhar, e os sacerdotes secretos tirariam o grande Cthulhu de Sua tumba para reviver Seus súditos e retomar Seu domínio na Terra. Tal momento seria fácil de conhecer, pois então a humanidade se tornaria como os Grandes Antigos; livre e selvagem, para além do bem e do mal, com leis e moral postas de lado e todos os homens gritando e matando, e se divertindo alegremente. Então os Antigos libertados lhes ensinariam novas maneiras de gritar e matar e de se divertir e festejar, e toda a Terra arderia com um holocausto de êxtase e liberação. Enquanto isso, o culto, por meio de ritos apropriados, devia manter viva a memória desses antigos costumes e sombrear a profecia de seu retorno.

Nos tempos antigos, homens escolhidos conversavam com os Antigos sepultados em sonhos, mas então algo aconteceu. A grande cidade de pedra R'lyeh, com seus monólitos e sepulcros, afundou sob as ondas; e as águas profundas, cheias do único mistério primordial através do qual nem mesmo o pensamento poderia passar, cortaram o intercâmbio espectral. Mas a memória nunca morreu, e os sumos sacerdotes diziam que a cidade se ergueria novamente quando as estrelas estivessem alinhadas. Então saíram da Terra os espíritos obscuros da Terra, mofados e sombrios, e cheios de rumores turvos recolhidos em cavernas sob o fundo esquecido do mar. Mas deles o velho Castro não ousou muito falar. Ele se interrompeu apressadamente, e nenhuma persuasão ou sutileza poderia mais provocá-lo nessa direção. O tamanho dos Antigos, também, ele curiosamente se recusou a mencionar. Do culto, disse que achava que o centro se encontraria entre os desertos sem caminhos da Arábia, onde Irem, a Cidade dos Pilares, sonha escondida e intocada. Não era aliada ao culto das bruxas europeias e era praticamente desconhecida a não ser por seus membros. Nenhum livro jamais havia realmente sugerido isso, embora os imortais chineses dissessem que havia duplos significados no *Necronomicon*, escrito pelo louco árabe Abdul Alhazred, que os iniciados podiam ler como quisessem, especialmente o muito discutido dístico:

"Não está morto o que eternamente jaz inanimado, e em estranhas Eras até a morte pode morrer."

Legrasse, profundamente impressionado e nem um pouco confuso e atrapalhado, perguntara em vão sobre as filiações históricas do culto. Castro, aparentemente, havia dito a verdade quando disse que era totalmente secreto. As autoridades da Universidade de Tulane não puderam esclarecer nem o culto nem a imagem, e agora o detetive havia chegado às mais altas autoridades do país, não encontrando mais do que a história da Groenlândia do professor Webb.

O interesse febril despertado na reunião pelo relato de Legrasse, corroborado pela estatueta, encontra eco na correspondência subsequente dos que compareceram, embora escassa menção ocorra nas publicações formais da sociedade. A cautela é o primeiro cuidado tomado por quem está acostumado a enfrentar charlatanismos e imposturas ocasionais. Legrasse, por algum tempo, emprestou a imagem ao professor Webb, mas, com a morte dele, fora devolvida a ele e permaneceu em sua posse, onde a vi há pouco tempo. É realmente uma coisa terrível e inequivocamente semelhante à escultura onírica do jovem Wilcox.

Não me admira que meu tio tenha se entusiasmado com a história do escultor, pois que pensamentos poderiam surgir ao ouvir, depois de saber o que Legrasse havia aprendido sobre o culto, que um jovem sensível havia sonhado não apenas com a figura e hieróglifos da imagem encontrada no pântano e da tabuleta do diabo da Groenlândia, mas que em seus sonhos havia encontrado pelo menos três das palavras precisas da fórmula proferidas igualmente por diabolistas esquimós e mestiços da Louisiana? O início instantâneo de uma investigação da maior meticulosidade foi instantaneamente natural da parte do professor Angell; embora, em particular, eu suspeitasse que o jovem Wilcox tivesse ouvido falar do culto de alguma maneira indireta, e que teria inventado uma série de sonhos para aumentar e continuar o mistério às custas de meu tio. As narrativas oníricas e os recortes coletados pelo professor foram, é claro, uma forte corroboração; mas o racionalismo da minha mente e a extravagância de todo o assunto me levaram a adotar o que eu achava serem as conclusões mais sensatas. Assim, depois de estudar o manuscrito novamente e correlacionar as notas teosóficas e antropológicas com a narrativa do culto de Legrasse, fiz uma viagem à Providence para ver o escultor e dar-lhe a repreensão que julgava adequada por se impor com tanta ousadia a um homem culto e idoso.

Wilcox ainda morava sozinho no Edifício Fleur-de-Lys, na Thomas Street, uma horrenda imitação vitoriana da arquitetura da Bretanha do século XVII, que ostenta sua fachada de estuque em meio às belas casas coloniais na antiga colina sob a sombra do mais belo campanário georgiano na América.

Encontrei-o trabalhando em seus aposentos e imediatamente admiti pelos espécimes espalhados que seu gênio era realmente profundo e autêntico. Ele será, em algum momento, creio eu, conhecido como um dos grandes decadistas; pois ele cristalizou em barro, e um dia espelhará em mármore, aqueles pesadelos e fantasias que Arthur Machen evoca em prosa e Clark Ashton Smith[2] torna visíveis em versos e em pinturas.

Escuro, frágil e de aspecto um tanto desleixado, ele se virou languidamente ao meu toque e perguntou-me qual era o assunto sem se levantar. Quando lhe disse quem eu era, ele demonstrou algum interesse, pois meu tio havia despertado sua curiosidade em sondar seus sonhos estranhos; contudo, nunca explicou o motivo do estudo. Eu não aumentei o seu conhecimento a esse respeito, mas procurei, com alguma sutileza, extrair mais coisas dele. Em pouco tempo me convenci de sua absoluta sinceridade, pois ele falava dos sonhos de uma maneira que ninguém poderia se equivocar. Tais sonhos e seu resíduo subconsciente haviam influenciado profundamente sua arte, e ele me mostrou uma estátua mórbida cujos contornos quase me fizeram tremer pela potência de sua obscura sugestão. Ele não conseguia se lembrar de ter visto o original dessa coisa, exceto no baixo-relevo produzido após o sonho; contudo, os contornos se formaram imperceptivelmente sob suas mãos. Era, sem dúvida, a forma gigante que tinha visto em delírio. Que ele realmente nada sabia do culto secreto, exceto pelo que o implacável catecismo de meu tio havia deixado escapar, ele logo deixou claro; e novamente me esforcei para pensar em alguma maneira pela qual ele poderia ter recebido as estranhas impressões.

Ele falava de seus sonhos de uma forma estranhamente poética; fazendo-me ver com terrível nitidez a úmida cidade ciclópica de pedra verde viscosa — cuja geometria, foi o termo que ele usou, estava toda errada —, e ouvir, com atemorizante expectativa, o chamado incessante vindo do subterrâneo: "Cthulhu fhtagn", "Cthulhu fhtagn". Essas palavras faziam parte daquele terrível ritual que falava da vigília onírica do morto Cthulhu em seu túmulo de pedra em R'lyeh; fiquei profundamente comovido, apesar de minhas crenças racionais. Wilcox, eu tinha certeza, havia ouvido falar do culto de algum forma, e logo o esquecera em

---

2   Clark Ashton Smith (1893-1961) foi um contista, pintor, poeta e escultor americano. Cultivou amizade com Lovecraft, com quem trocou correspondências. (N. do E.)

meio às muitas imagens e leituras igualmente estranhas. Mais tarde, em virtude de sua pura imponência, encontrara expressão subconsciente em sonhos, no baixo-relevo e na terrível estátua que agora contemplava; de modo que sua impostura sobre meu tio tinha sido muito inocente. O jovem era de um tipo, ao mesmo tempo levemente afetado e levemente mal-educado, do qual eu nunca poderia gostar; mas eu estava, naquele momento, suficientemente disposto a admitir tanto seu gênio quanto sua honestidade. Despedi-me dele amigavelmente e desejei-lhe todo o sucesso que seu talento prometia.

A questão do culto ainda me fascinava, e às vezes eu tinha visões de fama pessoal oriunda das pesquisas acerca de sua origem e conexões. Visitei Nova Orleans, conversei com Legrasse e outros do antigo grupo que haviam participado da batida policial; vi a imagem assustadora e até questionei os prisioneiros mestiços que ainda estavam vivos. O velho Castro, infelizmente, havia morrido há alguns anos. O que eu agora ouvia tão clara em primeira mão, embora na verdade não fosse mais do que uma confirmação detalhada daquilo que meu tio havia escrito, fui revigorado novamente; pois eu tinha certeza de que estava na trilha de uma religião muito real, muito secreta e muito antiga, cuja descoberta faria de mim um antropólogo digno de nota. Minha atitude era de materialismo absoluto, como eu gostaria que ainda fosse, e desconsiderei com perversidade quase inexplicável a coincidência das anotações do sonho e recortes estranhos coletados pelo professor Angell.

Uma coisa que comecei a suspeitar, e que agora temo saber, é que a morte de meu tio estava longe de ser natural. Ele caiu em uma rua estreita na colina que conduzia a uma antiga orla repleta de mestiços estrangeiros, após um empurrão descuidado de um marinheiro negro. Eu não esqueci de que os membros da seita em Louisiana eram mestiços e marujos, e não me surpreenderia em saber dos métodos secretos e agulhas envenenadas tão cruéis e tão antigas quanto aqueles ritos e crenças enigmáticas. Legrasse e seus homens, é verdade, foram deixados em paz, mas, na Noruega, um certo marinheiro que viu certas coisas está morto. Não poderiam as mais profundas indagações de meu tio, após encontrar os dados do escultor, terem chegado a ouvidos sinistros? Acho que o professor Angell morreu porque sabia demais, ou porque provavelmente ainda teria desvendado muito mais. Resta saber se terei o destino dele, pois agora eu também sabia coisas demais.

III. A LOUCURA DO MAR

Se o céu quiser me conceder uma graça, será o esquecimento total dos resultados de um mero acaso que fixou meus olhos em um certo pedaço de papel perdido. Não era nada com que eu teria esbarrado no curso de minha rotina diária, pois se tratava de um velho número de um jornal australiano, o Boletim de Sydney, de 18 de abril de 1925. Ele havia escapado até mesmo da empresa que vinha avidamente coletando materiais para a pesquisa do meu tio na época de sua publicação.

Eu havia desistido, em grande parte, dos meus questionamentos sobre o que o professor Angell chamava de "Culto Cthulhu", e visitava um amigo erudito em Paterson, Nova Jersey; o curador de um museu local e um mineralogista de destaque. Um dia, quando examinava os espécimes de reserva grosseiramente colocados sobre as prateleiras de armazenamento em uma sala dos fundos do museu, meus olhos foram atraídos por uma imagem estranha de um dos velhos jornais espalhados sob as pedras. Foi o Boletim de Sydney que mencionei, pois meu amigo tem amplas afiliações em todas as localidades estrangeiras concebíveis; e a imagem era um corte de meio-tom de uma reprodução medonha de um ídolo de pedra quase idêntico ao que Legrasse encontrara no pântano.

Limpando ansiosamente a folha para ver seu precioso conteúdo, examinei o item em detalhes, e fiquei desapontado ao encontrá-lo em comprimento apenas moderado. O que ele sugeria, no entanto, tinha um significado portentoso para a minha busca; e eu o destaquei com cuidado, a fim de agir imediatamente. Ele dizia o seguinte:

MISTERIOSO ABANDONO DESCOBERTO NO MAR.

Vigilant chega com um iate zelandês, armado e abandonado, a reboque. Um sobrevivente e um morto encontrados a bordo. Relato de uma Batalha Desesperada e Mortes no Mar. Marinheiro resgatado recusa dar detalhes sobre a estranha experiência. Ídolo estranho encontrado em sua posse. Inquérito será aberto.

O cargueiro da Companhia Morrison, Vigilant, com destino a Valparaíso, chegou esta manhã ao seu cais em Darling Harbour, tendo a reboque o iate a vapor, de batalha e desativado, mas fortemente armado, Alertof Dunedin, Nova Zelândia, que foi avistado em 12 de abril na latitude sul 34° 21' e longitude oeste 152° 17', com um vivo e um morto a bordo.

O *Vigilant* deixou Valparaíso em 25 de março e em 2 de abril foi desviado ao sul de seu curso por tempestades excepcionalmente fortes e ondas monstruosas. Em 12 de abril, o navio abandonado foi avistado; e, embora aparentemente deserto, foi encontrado no madeiramento um sobrevivente em estado meio delirante e um homem que evidentemente estava morto há mais de uma semana. O sobrevivente segurava um horrível ídolo de pedra, de origem desconhecida, com cerca de trinta centímetros de altura, cuja natureza deixou perplexas as autoridades da Universidade de Sydney, da Royal Society e do Museu em College Street; o sobrevivente diz tê-la encontrado na cabine do iate, em um pequeno santuário esculpido em padrão comum.

Este homem, depois de recuperar os sentidos, contou uma história extremamente estranha de pirataria e matança. Trata-se de Gustaf Johansen, um norueguês de certa inteligência, que era o segundo imediato da escuna de dois mastros *Emma de Auckland*, que partiu para Callao em 20 de fevereiro com um efetivo de onze homens. O *Emma*, disse ele, estava atrasado e foi arremessado ao sul de seu curso pela grande tempestade de 1º de março, e, em 22 de março, em latitude sul 49° 51', longitude oeste 128° 34', encontrou o *Alert*, tripulado por uma equipe estranha e de aparência maligna de Kanaks e mestiços. Recebendo ordens peremptórias para voltar atrás, o capitão Collins recusou; então, a estranha tripulação começou a disparar, sem aviso e selvagemente, com uma bateria peculiarmente pesada de canhões de latão que fazia parte do equipamento do iate. Os homens do *Emma* lutaram, disse o sobrevivente, e, embora a escuna tenha começado a afundar por causa dos tiros abaixo da linha d'água, eles conseguiram se arrastar ao lado de seu inimigo e abordá-lo, lutando no convés do iate com a tripulação feroz, sendo forçados a matar todos eles, que estavam em número ligeiramente superior, devido à maneira de lutarem particularmente abominável e desesperada, embora muito desajeitada.

Três dos homens de *Emma*, incluindo o capitão Collins e o primeiro imediato Green, foram mortos; os oito restantes, sob o comando do segundo imediato Johansen, continuaram a navegar no iate capturado, seguindo em sua direção original para ver se haveria algum motivo para a ordem de regresso. No dia seguinte, ao que parece, eles alçaram velas e desembarcaram em uma pequena ilha, embora não se soubesse da existência de alguma ilha naquela parte do oceano; e seis dos homens, por motivo desconhecido, morreram em terra, embora Johansen fosse estranhamente reticente sobre essa parte de sua história, e tenha falado apenas de sua queda em um abismo rochoso. Mais tarde, ao que parece, ele e um companheiro embarcaram no iate e tentaram manejá-lo, mas foram apanhados pela tempestade de 2 de abril. Daquele momento até seu resgate, no dia 12, o homem se lembra pouco, e nem mesmo se recorda de quando William Briden, seu companheiro, morreu. A morte de Briden não mostrou causa aparente e provavelmente tenha sido provocada pelo choque emocional ou exposição ao tempo ruim. Notícias telegrafadas de Dunedin relatam que o *Alert* era bem conhecido por lá como embarcação comerciante da ilha, e tinha má reputação ao longo da orla. O veleiro era de propriedade de um curioso grupo de mestiços cujas frequentes reuniões e viagens noturnas aos bosques atraíam muita curiosidade; e partira com grande pressa logo após a tempestade e os tremores de terra, de 1º de março. Nosso correspondente em Auckland dá ao *Emma* e à sua tripulação uma excelente reputação, e Johansen é descrito como um homem sóbrio e digno. O almirantado irá instaurar inquérito sobre todo o caso a partir de amanhã, no qual todos os esforços serão feitos para induzir Johansen a falar mais abertamente do que tem feito até agora.

Isso foi tudo, junto com a foto da imagem infernal; mas que locomotiva de ideias começou em minha mente! Aqui estavam novos tesouros na forma de dados sobre o Culto de Cthulhu e evidências de seus estranhos desdobramentos em mar e terra. Que motivo teria levado a híbrida tripulação a ordenar a volta do *Emma* quando zarparam com seu ídolo hediondo? Qual era a ilha desconhecida em os que seis tripulantes morreram e sobre a qual o imediato Johansen era tão reticente? O que a investigação do vice-almirantado trouxe à tona e o que se sabia sobre o nocivo culto em Dunedin? E o mais maravilhoso de tudo, que ligação profunda e mais do que natural de datas era essa que dava um significado maligno e agora inegável às várias reviravoltas que foram tão cuidadosamente observadas por meu tio?

Em 1º de março — nosso 28 de fevereiro, de acordo com o nosso fuso horário —, o terremoto e a tempestade chegaram. De Dunedin, o *Alert* e sua ruidosa tripulação que se lançou avidamente como se tivesse sido imperiosamente convocada, e, do outro lado da terra, poetas e artistas que tinham começado a sonhar com uma estranha e úmida cidade ciclópica enquanto um jovem escultor moldava em seu sono a forma do temido Cthulhu. Em 23 de março, a tripulação do *Emma* desembarcou em uma ilha desconhecida e seis homens morreram; e nessa data, os sonhos dos homens sensíveis assumiram uma vivacidade intensificada e obscurecida pelo pavor da perseguição maligna de um monstro gigante, enquanto um arquiteto enlouqueceu e um escultor subitamente começou a delirar! E o que dizer dessa tempestade de 2 de abril — a data em que todos os sonhos da cidade úmida cessaram e Wilcox emergiu ileso da escravidão de uma febre estranha? O que dizer de tudo isso — e das insinuações do velho Castro sobre os submersos, os Antigos nascidos nas estrelas e de seu reinado vindouro; seu culto fiel e seu domínio sobre os sonhos? Estaria eu cambaleando à beira de horrores cósmicos que estão além do poder do homem suportar? Se assim for, devem ser horrores apenas da mente, pois de alguma forma o dia 2 de abril pôs fim a qualquer ameaça monstruosa que se acercava da alma da humanidade.

Naquela noite, depois de um dia de telegramas apressados e preparações, me despedi do meu anfitrião e peguei um trem para São Francisco. Em menos de um mês eu estava em Dunedin, onde, no entanto, descobri que pouco se sabia sobre os estranhos membros do culto que haviam permanecido nas antigas tavernas marítimas. A escória à beira-mar era muito comum para merecer menção especial, embora houvesse uma vaga conversa sobre uma viagem ao interior que esses mestiços haviam feito, durante a qual tambores fracos e chamas vermelhas foram avistadas nas colinas distantes. Em Auckland, soube que Johansen havia retornado com os cabelos, que antes louros, completamente brancos, depois de um interrogatório superficial e inconclusivo em Sydney; e que, depois disso, vendeu sua pequena casa na West Street e partiu com a esposa para sua antiga morada em Oslo. De sua emocionante experiência, não contou nada mais a seus amigos do que já havia contado aos oficiais do almirantado, e tudo o que eles puderam fazer foi me dar seu endereço em Oslo.

Depois disso, fui a Sydney e conversei sem proveito com marinheiros e membros da corte do vice-almirantado. Eu vi o *Alert*, agora vendido e em uso comercial, no Circular Quay, em Sydney Cove, mas sem ganhar nada do seu volume não comprometido. A imagem da criatura de cócoras com sua cabeça de polvo, corpo de dragão, asas escamosas e hieróglifos encrustados no pedestal, foi preservada no Museu em Hyde Park; e eu a estudei longa e cuidadosamente, achando que era uma coisa de acabamento extremamente requintado, e com o mesmo absoluto mistério, mesma antiguidade amedrontadora e a mesma estranheza sobrenatural que eu havia notado no espécime menor de Legrasse. O curador me disse que geólogos acharam aquilo um quebra-cabeça monstruoso; pois eles juraram que no mundo não havia rocha como aquela. Então, pensei, com um arrepio, no que o velho Castro dissera a Legrasse sobre os Grandes primitivos: "Eles vieram das estrelas e trouxeram Suas imagens com Eles".

Abalado por uma revolução mental que eu nunca conhecera, resolvi agora visitar Johansen em Oslo. Navegando para Londres, reembarquei imediatamente para a capital norueguesa; e, num dia de outono, desembarquei no ordeiro cais à sombra do *Egeberg*. O endereço de Johansen, descobri, ficava na cidade velha do Rei Harold Hardrada, que manteve vivo o nome Oslo durante todos os séculos em que a cidade maior se fingia de "Christiana". Fiz a breve viagem de táxi e, com o coração palpitante, bati à porta de um prédio antigo e elegante com fachada rebocada. Uma mulher de rosto triste e de preto atendeu ao meu chamado, e fiquei desapontado quando ela me disse, em um inglês hesitante, que Gustaf Johansen havia morrido.

Ele não sobrevivera ao seu retorno, disse sua esposa, pois os acontecimentos no mar em 1925 o haviam arruinado seu estado de espírito. Ele não contara a ela mais do que havia dito em público, mas deixou um longo manuscrito — de "assuntos técnicos", como ele disse — escrito em inglês, evidentemente para protegê-la do perigo de uma leitura casual. Durante uma caminhada por uma estreita viela perto da doca de Gotemburgo, um fardo de papéis que caiu de uma janela de sótão o acertou. Dois marinheiros indianos ou do sudoeste da Ásia o ajudaram a ficar de pé imediatamente, mas morreu antes que a ambulância pudesse socorrê-lo. Os médicos não encontraram uma causa determinada para a morte, e atribuíram o falecimento a problemas cardíacos.

Agora eu sentia invadir as minhas entranhas aquele terror sombrio que nunca me deixará até que eu também tenha morrido; "acidentalmente" ou de outra causa. Convencer a viúva de que minha ligação com seu marido eram "assuntos técnicos" foi o suficiente para ela me dar direito ao manuscrito, que levei e comecei a lê-lo no barco para Londres. Era uma coisa simples e desconexa — o esforço de um marinheiro ingênuo em um diário *post-facto* — que se esforçava em relembrar dia a dia daquela última e terrível viagem. Não posso tentar transcrevê-lo literalmente em toda a sua nebulosidade e redundância, mas contarei o suficiente de sua essência para manifestar o motivo pelo qual o som da água contra as laterais do navio se tornou tão insuportável para mim ao ponto de ter que tapar meus ouvidos com algodão.

Johansen, graças a Deus, não sabia de tudo, embora tivesse visto a cidade e a Coisa, mas nunca mais dormirei tranquilo quando pensar nos horrores que espreitam incessantemente por trás da vida no tempo e no espaço, e naquelas blasfêmias profanas de estrelas mais antigas que sonham sob o mar, conhecidas e favorecidas por um culto de pesadelo pronto e ansioso para soltá-la no mundo sempre que outro terremoto lançar novamente ao sol e ao ar sua monstruosa cidade de pedra.

A viagem de Johansen começou exatamente como ele contou ao vice--almirantado. O *Emma*, em lastro, partiu de Auckland em 20 de fevereiro e sentiu toda a força daquela tempestade sísmica que deve ter emergido dos horrores que preenchiam os sonhos dos homens do fundo do mar. Mais uma vez sob controle, o navio fazia um bom progresso quando foi detido pelo *Alert* em 22 de março, e pude sentir o arrependimento do imediato ao escrever sobre o bombardeio e o naufrágio.

Dos morenos demônios do culto do *Alert*, ele falou com um horror significativo. Havia alguma qualidade peculiarmente abominável neles que fazia com que sua destruição fosse vista quase como um dever, e Johansen mostrou sincero espanto com a acusação de crueldade feita contra ele durante os procedimentos do tribunal de inquérito. Então, impelidos pela curiosidade no iate capturado sob o comando de Johansen, os homens avistaram um grande pilar de pedra saindo do mar e, na latitude sul 47° 9', longitude oeste 126° 43', encontraram uma linha costeira de lama misturada com gosma e alvenaria ciclópica de algas que não podiam ser nada menos do que a substância tangível do terror supremo da terra — a cidade-cadáver do pesadelo de R'lyeh, que foi construída muito antes da história, em Eras imensuráveis pelas vastas e repugnantes formas que escorreram das estrelas sombrias. Ali jazia o grande Cthulhu e suas hordas, escondidos em abóbadas verdes e viscosas, enviando, finalmente, após ciclos incalculáveis, os pensamentos que espalhavam medo nos sonhos dos sensíveis, e conclamavam, imperiosamente, os fiéis a virem em peregrinação de libertação e restauração. Tudo isso Johansen não suspeitava, mas Deus sabe que ele tinha visto o suficiente!

Suponho que apenas um único topo de montanha da hedionda cidadela coroada por monólitos, onde o grande Cthulhu fora enterrado, realmente emergiu das águas. Quando penso na extensão de tudo o que pode estar pairando lá embaixo, eu quase desejo me matar imediatamente. Johansen e seus homens ficaram impressionados com a majestade cósmica dessa Babilônia gotejante de demônios anciões, e devem ter suposto, sem qualquer orientação, que nada daquilo era de um planeta bom. Cada linha da assustada descrição do imediato mostrava pungentemente a admiração com o tamanho inacreditável dos blocos de pedra esverdeada, com a altura vertiginosa do grande monólito esculpido, e com a estonteante identidade das estátuas e baixos-relevos colossais com a imagem estranha encontrada no santuário do *Alert*.

Sem saber como o futurismo se parece, Johansen conseguiu algo muito próximo disso quando falou da cidade; pois, em vez de descrever qualquer estrutura ou edifício definido, ele se deteve apenas em amplas impressões de vastos ângulos e superfícies de pedra — superfícies grandes demais para pertencer a qualquer coisa apropriada para esta terra, e marcadas por ímpias mensagens em hieróglifos. Menciono sua fala a respeito de ângulos porque sugere algo que Wilcox me contou sobre seus horríveis sonhos. Ele havia dito que a geometria do lugar do sonho que ele viu era anormal, não euclidiana e repugnantemente impregnada de esferas e dimensões diferentes das nossas. E agora, um marinheiro iletrado sentiu a mesma coisa enquanto contemplava a terrível realidade.

Johansen e seus homens desembarcaram em um barranco lamacento nesta monstruosa Acrópole e escalaram os escorregadios blocos titânicos gosmentos, que não poderiam servir de escada para nenhum mortal. O próprio sol do céu parecia distorcido quando visto através do miasma polarizador que brotava dessa perversão encharcada pelo mar, e a ameaça distorcida e o suspense espreitavam lascivamente naqueles ângulos loucamente elusivos de rocha esculpida, onde um segundo olhar mostrava concavidade logo após o primeiro mostrar convexidade.

Algo muito parecido com o medo tomou conta de todos os exploradores antes que algo mais definido do que pedra, lodo e algas fosse visto. Cada um teria fugido se não temesse o escárnio dos outros, e foi sem entusiasmo que eles procuraram — em vão, como ficou provado — alguma recordação com dimensões razoáveis para levar.

Foi Rodríguez, o português, que subiu ao pé do monólito e gritou o que havia encontrado. Os demais o seguiram e observaram, com curiosidade, a imensa porta esculpida com o agora familiar baixo-relevo de dragão-polvo. Era como uma grande porta de celeiro, disse Johansen; e todos sentiram que era uma porta por conta da verga ornamentada, soleira e batentes ao redor, embora não pudessem concluir se era plana como um alçapão ou inclinada como uma porta externa de porão. Como Wilcox teria dito, a geometria do lugar estava toda errada. Não se podia ter certeza de que o mar e o solo eram horizontais; por isso, a posição relativa de todo o resto parecia fantasmagoricamente variável.

Briden empurrou a pedra em vários lugares sem resultado. Então Donovan apalpou delicadamente ao redor da borda, pressionando cada ponto separadamente à medida que avançava. Ele escalou interminavelmente ao longo da grotesca moldura de pedra — isto é, poderíamos chamar isso de escalada se a coisa não fosse horizontal — e os homens se perguntavam como no universo uma porta poderia ser tão vasta. Então, muito suave e lentamente, o grande painel de acre começou a ceder no topo; e viram que estava equilibrado. Donovan deslizou ou, de alguma forma, impulsionou-se para baixo ou ao longo do batente e se juntou aos seus companheiros, e todos observaram o estranho recuo do portal monstruosamente esculpido. Nessa fantasia de distorção prismática, movia-se de forma anômala na diagonal, de modo que todas as regras da matéria e da perspectiva pareciam perturbadas.

A abertura era preta com uma escuridão quase material. Essa tenebrosidade era, de fato, uma qualidade positiva, pois obscurecia as partes das paredes internas que deveriam ter sido reveladas, e, na realidade, explodiu como fumaça de sua prisão de uma eternidade, escurecendo visivelmente o sol, enquanto se esgueirava para o céu, encolhido e giboso, batendo as asas membranosas. O odor proveniente das profundezas recém-abertas era insuportável e logo depois, o perspicaz Hawkins pensou ter ouvido um som desagradável vindo de baixo. Todos escutaram, e todos ainda escutavam atentamente quando aquilo cambaleou babando aos olhos de todos e espremeu, às apalpadelas, sua imensidão verde gelatinosa através da porta negra para o ar exterior contaminado daquela envenenada cidade de loucura.

A caligrafia do pobre Johansen quase perdeu a forma quando ele escreveu sobre isso. Dos seis homens que nunca chegaram ao navio, ele acha que dois morreram de puro pavor naquele instante maldito. A Coisa não pode ser descrita — não há linguagem para tais abismos de loucura estridente e imemorial, tais contradições sobrenaturais de toda matéria, força e ordem cósmica. Era uma montanha que caminhava e se arrastava. Deus!

É de se espantar que do outro lado do mundo um grande arquiteto tenha enlouquecido e o pobre Wilcox tenha delirado de febre naquele instante telepático? A Coisa dos ídolos, o verde, a ova pegajosa das estrelas, havia despertado para reivindicar o que era seu. As estrelas estavam alinhadas novamente, e o que um antigo culto falhara em realizar, um bando de marinheiros inocentes fizera acidentalmente. Depois de infindáveis anos, o grande Cthulhu estava novamente solto, e voraz por deleites.

Três homens foram varridos pelas garras flácidas antes que alguém se virasse. Deus os tenha, se há algum descanso no universo. Eles eram Donovan, Guerrera e Ångstrom. Parker escorregou, enquanto os outros três mergulhavam freneticamente em rochas com crostas verdes a perder de vista de volta ao barco; e Johansen jurou que seu companheiro foi engolido por um ângulo de pedra que não deveria estar lá; um ângulo que era agudo, mas se comportava como se fosse obtuso. Assim, apenas Briden e Johansen chegaram ao barco e romperam desesperadamente em direção do *Alert*, enquanto a monstruosidade montanhosa despencava nas pedras viscosas e se debatia hesitante na beira da água.

O vapor não tinha baixado completamente, apesar da partida de todos para a praia; e foi o trabalho de apenas alguns momentos de corrida febril para cima e para baixo entre o timão e os motores para colocar o *Alert* em curso. Lentamente, em meio aos horrores distorcidos daquela cena indescritível, ele começou a agitar as águas letais; enquanto nas pedras daquela margem sepulcral que não pertencia a este mundo, a Coisa titânica das estrelas babava e rugia como o Polifemo[3] amaldiçoando o navio em fuga de Ulisses. Então, mais ousado que o célebre Ciclope, o grande Cthulhu deslizou com oleosidade na água e começou a persegui-los com movimentos de nado de potência cósmica. Briden olhou para trás e enlouqueceu, rindo estridentemente; e continuou rindo com intervalos até que a morte o encontrou numa noite na cabine, enquanto Johansen vagava delirantemente pela embarcação.

Mas Johansen ainda não havia desistido. Sabendo que a Coisa certamente poderia alcançar o *Alert* até que o barco estivesse a toda velocidade, ele tomou uma decisão desesperada; e, ajustando o motor para a velocidade máxima, correu como um relâmpago para o convés e reverteu o timão. Havia um poderoso redemoinho e espuma na salmoura fétida e, à medida

---

3   Na mitologia grega, é o nome dado ao rei Ciclope, filho de Poseidon e da ninfa Teosa. (N. do E.)

que o vapor subia cada vez mais alto, o bravo norueguês dirigia seu navio na direção daquele ser gelatinoso que se elevava acima da espuma imunda como a popa de um galeão demoníaco. A horrível cabeça de polvo com antenas se contorcendo quase chegou ao gurupés do robusto iate, mas Johansen continuou implacavelmente. Havia um estouro como de uma bexiga explosiva, uma imundície lamacenta como a de um peixe-lua fendido, um fedor como o de mil sepulturas abertas e um som que o cronista não conseguiria descrever no papel. Por um instante, o navio foi maculado por uma nuvem verde acre e ofuscante, e então um fervilhar venenoso foi ouvido da popa; onde — Deus do céu! — a plasticidade espalhada daquela inominável prole do céu estava nebulosamente se recombinando em sua forma original odiosa, enquanto ficava cada vez mais distante à medida que o *Alert* ganhava velocidade com seu vapor crescente.

Isso foi tudo. Depois disso, Johansen apenas meditou sobre o ídolo na cabine e tratou de preparar algo para comer, tanto para si quanto para o maníaco risonho ao seu lado. Ele não tentou navegar após o primeiro enfrentamento ousado, pois a reação havia tirado algo de sua alma. Então veio a tempestade de 2 de abril, e com ela a nebulosidade que escureceu sua consciência. Houve uma sensação de turbilhão espectral através de golfos líquidos de infinito, de passeios vertiginosos através de universos cambaleantes na cauda de um cometa, e de mergulhos histéricos oriundos do abismo até lua e da lua de volta ao abismo, todos aguçados por um coro gargalhante dos deuses anciões disformes e hilariantes e de diabinhos zombeteiros verdes e com asas de morcego de Tártaro.

Desse sonho veio o resgate — o *Vigilant*, a corte do vice-almirantado, as ruas de Dunedin e a longa viagem de volta até a velha casa junto ao Egeberg. Ele não poderia falar a respeito — eles o tomariam por louco. Escreveria sobre o que sabia antes que sua morte chegasse, mas sua esposa não deveria tomar conhecimento daquilo. A morte seria uma benção se pudesse apagar aquelas memórias.

Esse foi o documento que li, e que coloquei na caixa de metal ao lado do baixo-relevo e dos papéis do professor Angell. Com ele irá este meu registro — este teste da minha própria sanidade, o qual reconstituí e espero que nunca seja reconstituído novamente. Eu examinei tudo o que o universo tem guardado em termos de horror, e até mesmo os céus da primavera e as flores do verão podem parecer venenos para mim agora. Contudo, não acho que minha vida será longa. Assim como meu tio se foi, e também o pobre Johansen, eu também devo morrer. Eu sei coisas demais, e o culto ainda vive.

Cthulhu ainda vive, suponho, novamente naquele abismo de pedra que o protege desde que o sol era jovem. Sua cidade maldita está afundada mais uma vez, pois o *Vigilant* navegou sobre o local após a tempestade de abril; mas seus ministros na Terra ainda berram e pavoneiam-se e matam, em idolatria, ao redor de monólitos em lugares solitários. Ele deve ter sido carregado junto quando seu abismo negro ruiu, caso contrário o mundo estaria agora gritando de medo e frenesi. Quem poderá saber como será o fim? O que se ergueu pode afundar, e o que afundou pode emergir. A repugnância aguarda e sonha nas profundezas, e a decadência paira sobre as cidades cambaleantes dos homens. Chegará a hora, mas não devo e não posso pensar nisso! Deixe-me apenas rezar para que, caso eu não sobreviva a este manuscrito, meus executores possam priorizar a cautela acima da audácia e garantir que esse texto não encontre outros olhos.

DAGON[4] (1917)

Estou escrevendo isso sob uma tensão mental considerável, já que esta noite não estarei mais vivo. Sem um tostão, e no fim do meu suprimento da droga que torna a vida suportável, não posso mais aguentar a tortura; eu me lançarei desta janela de sótão até a esquálida rua abaixo. Não pensem que meu vício em morfina me torna um fraco ou degenerado. Depois de ler estas páginas rabiscadas às pressas, você poderá imaginar, embora nunca compreenda totalmente, porque devo buscar esquecimento ou a morte.

Foi em uma das partes mais abertas e menos frequentadas do amplo Pacífico que o paquete do qual eu era conferente de carga caiu vítima de piratas alemães. A grande guerra estava, então, bem no começo, e as forças oceânicas dos hunos não haviam chegado ainda na sua degradação final; de forma que nosso navio se tornou um prêmio legítimo, enquanto nós, seus tripulantes, fomos tratados com toda a justiça e consideração adequadas a prisioneiros navais. Tão liberal, de fato, foi a disciplina de nossos captores, que cinco dias depois de termos sido capturados, consegui escapar sozinho em um pequeno barco com água e provisões que durariam um bom tempo.

Quando finalmente me encontrei à deriva e liberto, tinha pouca ideia do que me cercava. Nunca fui um navegador competente, só podia supor vagamente pela posição do sol e das estrelas que estava um pouco ao sul do Equador. Da longitude eu nada sabia, e nenhuma ilha ou litoral estava à vista. O tempo continuou bom, e por incontáveis dias eu vaguei sem rumo sob o sol escaldante, esperando tanto por algum navio de passagem como ser lançado para as margens de alguma terra habitável. Contudo,

---

4   Dagon era um deus venerado pelos filisteus. Representado por uma criatura metade peixe e metade homem, seu nome deriva de dag, que significa peixe. (N. do E.)

nem navio nem terra apareceram, e comecei a me desesperar em minha solidão no vai e vem da vastidão de azul interminável.

A mudança ocorreu enquanto eu dormia. Seus detalhes eu nunca saberei; pois meu sono, embora perturbado e infestado de sonhos, era contínuo. Quando finalmente acordei, foi para me ver dragado por uma extensão viscosa de lama negra infernal que se estendia ao meu redor em ondulações monótonas até onde conseguia ver, e na qual meu barco estava encalhado a alguma distância.

Embora se possa imaginar que minha primeira sensação seria de espanto diante de uma transformação tão prodigiosa e inesperada de cenário, na realidade fiquei mais horrorizado do que surpreso; pois havia no ar e no solo podre uma qualidade sinistra que me gelava até o âmago. A região estava pútrida com as carcaças de peixes em decomposição e de outras coisas menos descritíveis que eu vi saindo da desagradável lama da planície sem fim. Talvez eu não devesse ter esperança de expressar em meras palavras a indescritível hediondez que pode existir em silêncio absoluto e enfadonha imensidão. Não se ouvia nada, e nada se via, exceto uma vasta extensão de lodo preto; no entanto, a completa quietude e a homogeneidade da paisagem me oprimiam com um medo nauseante.

O sol brilhava em um céu que me parecia quase negro em sua crueldade sem nuvens; como se refletisse o pântano escuro sob meus pés. Enquanto me arrastava para o barco encalhado, percebi que apenas uma teoria poderia explicar minha posição. Através de algum levante vulcânico sem precedentes, uma parte do fundo do oceano deve ter sido lançada à superfície, expondo regiões que, por incontáveis milhões de anos, permaneceram escondidas sob as insondáveis profundezas da água. Tão grande era a extensão da nova terra que havia surgido abaixo de mim, que eu não conseguia detectar o menor ruído do oceano agitado, por mais que eu me esforçasse em ouvir. Nem aves marinhas para rapinar as carcaças havia.

Fiquei perdido em pensamentos ou cismas por várias horas no barco, que estava de lado e oferecia uma leve sombra enquanto o sol se movia pelo céu. À medida que o dia avançava, o solo perdeu um pouco da sua viscosidade e parecia provável que, em pouco tempo, secasse o suficiente para poder transitar. Naquela noite eu dormi pouco e, no dia seguinte, peguei um pacote contendo comida e água, o necessário para uma viagem por terra em busca do mar desaparecido e um possível resgate.

Na terceira manhã, encontrei solo seco o suficiente para caminhar com facilidade. O odor de peixe era enlouquecedor; mas eu estava muito preocupado com coisas mais graves para me importar com um mal tão leve, e parti corajosamente para um objetivo desconhecido. Durante todo o dia, eu caminhei firmemente na direção oeste, guiado por um monte distante que se erguia mais alto do que qualquer outra elevação naquele deserto ondulante. Naquela noite, acampei e, no dia seguinte, viajei ainda em direção ao montículo, embora aquele objeto parecesse pouco mais próximo do que quando o vi pela primeira vez. Na quarta noite, alcancei a base do monte, que se mostrou muito mais alto do que parecia à distância; um vale intermediário destacou-o em relevo mais nítido da superfície geral. Cansado demais para subir, dormi à sombra da colina.

Não sei por que meus sonhos foram tão loucos naquela noite; mas, antes que a lua minguante se erguesse muito acima da planície no lado leste, acordei com transpiração fria, determinado a não dormir mais. As visões que eu tinha experimentado eram demais para eu suportar novamente. E, no brilho da lua, percebi como eu tinha sido imprudente ao viajar de dia. Sem o brilho do sol escaldante, minha viagem teria me custado menos energia; na verdade, agora eu me sentia perfeitamente capaz de realizar a subida que me desencorajou ao pôr do sol. Peguei minha mochila e parti para o cume da elevação.

Eu disse que a monotonia ininterrupta da planície ondulante era uma fonte de vago horror para mim; mas acho que meu horror foi maior quando cheguei ao cume do monte e olhei para o outro lado, avistando um poço ou desfiladeiro imensurável, cujos recessos negros a lua ainda não havia se elevado o suficiente para iluminar. Senti-me à beira do mundo; espiando por cima da borda, em um insondável caos de noite eterna. Através do meu terror correram curiosas reminiscências de *Paraíso Perdido*, de John Milton, e da horrenda escalada de Satanás pelos reinos obscuros das trevas.

À medida que a lua subia mais alto no céu, comecei a ver que as encostas do vale não eram tão perpendiculares quanto eu imaginava. Saliências e afloramentos rochosos ofereciam pontos de apoio bastante fáceis para uma descida; depois de uma queda de algumas centenas de pés, o declive tornou-se muito gradual. Incitado por um impulso que não posso analisar com certeza, desci com dificuldade pelas rochas e fiquei na encosta mais suave abaixo, olhando para as profundezas do Estige, onde ainda não havia luz.

De repente, minha atenção foi capturada por um vasto e singular objeto na encosta oposta, que se erguia abruptamente cerca de cem metros à minha frente; era um objeto que brilhava esbranquiçado através dos raios concedidos pela lua ascendente. Tratava-se apenas de um gigantesco pedaço de pedra, logo me assegurei; mas tive a nítida impressão de que seu contorno e posição não eram inteiramente obras da natureza. Um exame mais minucioso me encheu de sensações que não consigo expressar; pois, apesar de sua enorme magnitude e de sua posição em um abismo que se abria no fundo do mar desde que o mundo era jovem, percebi, sem qualquer dúvida, que o estranho objeto era um monólito bem formado cuja massa maciça havia sido trabalhada e talvez adorada por criaturas vivas e pensantes.

Atordoado e assustado, mas não sem uma certa emoção típica de cientistas ou arqueólogos, examinei meus arredores mais de perto. A lua, agora perto do zênite, brilhou estranha e vividamente acima das altas escarpas que cercavam o abismo, e revelou o fato de que um corpo de água distante fluía ao fundo, serpenteando fora da vista em ambas as direções, e quase lambendo meus pés enquanto eu estava na encosta. Do outro lado do abismo, as ondas lavavam a base do monólito ciclópico, em cuja superfície eu podia agora identificar inscrições e esculturas toscas. A escrita estava em um sistema de hieróglifos desconhecido para mim e diferente de tudo que eu já tinha visto em livros. Consistia, na maior parte, de símbolos aquáticos convencionais, como peixes, enguias, polvos, crustáceos, moluscos, baleias e similares. Vários personagens obviamente representavam seres marinhos desconhecidos pelo mundo moderno, mas cujas formas em decomposição eu havia observado na planície oceânica.

Foi a escultura pictórica, no entanto, que mais me deixou fascinado. Claramente visível através da água intermediária devido ao seu enorme tamanho, estava uma série de baixos-relevos cujos temas teriam despertado a inveja de um Doré[5]. Acho que essas coisas deveriam representar homens — pelo menos, um certo tipo de homens, embora as criaturas fossem mostradas se divertindo como peixes nas águas de alguma gruta marinha, ou prestando homenagem em algum santuário monolítico que

---

5   Paul Gustav Doré (1832 - 1883) foi um pintor, desenhista e ilustrador francês de livros do século XIX. (N. do E.)

parecia também estar sob as ondas. De seus rostos e formas não ouso falar em detalhes; pois a mera lembrança me faz desmaiar. Grotesco além da imaginação de um Poe ou de um Bulwer, eles eram terrivelmente humanos em linhas gerais, apesar das mãos e pés palmados, lábios chocantemente largos e flácidos, olhos vítreos e esbugalhados e outras características menos agradáveis de se lembrar. Curiosamente, eles pareciam ter sido esculpidos fora de proporção com seu fundo cênico; pois uma das criaturas foi mostrada no ato de matar uma baleia representada como pouco maior do que ela. Observei, como disse, seu grotesco e estranho tamanho; mas, em um momento, decidi que eles eram apenas os deuses imaginários de alguma tribo primitiva de pescadores ou marinheiros; alguma tribo cujo último descendente havia perecido Eras antes do nascimento do primeiro ancestral do Piltdown ou Homem de Neanderthal. Impressionado com esse vislumbre inesperado de um passado além da concepção do antropólogo mais ousado, fiquei absorto enquanto a lua lançava reflexos estranhos no canal silencioso diante de mim.

Então, de repente, eu a vi. Com apenas uma ligeira agitação para marcar sua ascensão à superfície, a coisa deslizou à vista acima das águas escuras. Vasto, como Polifemo, e repugnante, ele se lançava como um estupendo monstro de pesadelos em direção ao monólito, sobre o qual lançava seus gigantescos braços escamosos, enquanto baixava sua cabeça hedionda dando vazão a certos sons marcados. Achei que tinha ficado louco.

Da minha subida frenética pela encosta e penhasco, e da minha viagem delirante de volta ao barco encalhado, pouco me lembro. Acredito que cantei muito e ri estranhamente quando não conseguia cantar. Tenho lembranças indistintas de uma grande tempestade algum tempo depois de chegar ao barco; de qualquer forma, sei que ouvi trovões e outros sons que a natureza pronuncia apenas nos seus humores mais selvagens.

Quando saí das sombras, estava em um hospital de São Francisco; fui levado para lá pelo capitão do navio americano que recolheu meu barco no meio do oceano. Em meu delírio, eu havia falado muito, mas descobri que minhas palavras tinham recebido pouca atenção. De qualquer agitação terrestre no Pacífico, meus salvadores nada sabiam; nem julguei necessário insistir em uma coisa que eu sabia que eles não poderiam acreditar. Certa vez procurei um famoso etnólogo e o diverti com perguntas peculiares sobre a antiga lenda filisteia de Dagon, o Deus-Peixe;

mas logo percebendo que ele era irremediavelmente convencional, não insisti em minhas perguntas.

É à noite, especialmente, quando a lua está minguante, que eu vejo a coisa. Tentei a morfina; mas a droga trouxe apenas um alívio temporário e me arrastou para suas garras como um escravo desesperançado. Então agora devo terminar com tudo, tendo escrito um relato completo para a informação ou a diversão desdenhosa de meus semelhantes. Muitas vezes, eu me pergunto se tudo não poderia ter sido pura assombração — uma mera aberração causada pela febre enquanto eu estava deitado, com insolação e delirando no barco aberto depois de minha fuga do navio de guerra alemão. Isso eu me pergunto, mas sempre surge diante de mim uma visão horrivelmente vívida em resposta. Não consigo pensar no mar profundo sem estremecer com as coisas sem nome que podem, neste exato momento, estar rastejando e se debatendo em seu leito viscoso, adorando seus antigos ídolos de pedra e esculpindo suas próprias imagens detestáveis em obeliscos submarinos de granito encharcado pela água. Sonho com um dia em que eles possam se erguer acima das ondas para arrastar com suas garras fétidas os restos da humanidade débil e exausta pela guerra — um dia em que a terra afundará e o fundo escuro do oceano subirá em meio ao pandemônio universal.

O fim está próximo. Ouço um barulho na porta, como se algum imenso corpo escorregadio se arrastasse contra ela. Não me encontrará. Deus, aquela mão! A janela! A janela!

ALÉM DA MURALHA DO SONO (1919)

Sinto-me tocado por uma vontade de dormir.
Shakespeare.

Frequentemente me pergunto se a maior parte da humanidade já parou ocasionalmente para refletir sobre o significado titânico dos sonhos e do mundo obscuro ao qual pertencem. Embora o maior número de nossas visões noturnas não seja mais do que reflexos tênues e fantásticos de nossas experiências de vigília, Freud[6], ao contrário, com seu simbolismo pueril, afirma ainda que há um certo remanescente cujo caráter não mundano e etéreo não permite uma interpretação comum, e cujo efeito vagamente excitante e inquietante sugere possíveis vislumbres minuciosos de uma esfera de existência mental não menos importante do que a vida física, mas separada dessa vida por uma barreira quase intransponível. Pela minha experiência, não posso duvidar de que o homem, quando perdido na consciência terrestre, está de fato peregrinando em outra vida incorpórea de natureza muito diferente da vida que conhecemos; e das quais apenas as lembranças mais leves e indistintas permanecem após o despertar. A partir dessas memórias borradas e fragmentárias podemos inferir muito, mas provar pouco. Podemos presumir que nos sonhos, a vida, a matéria e a vitalidade, como a terra conhece tais coisas, não são necessariamente constantes; e que o tempo e o espaço não existem da forma que nossos eus despertos os compreendem. Às vezes acredito que essa vida menos material é nossa vida mais verdadeira, e que nossa vã presença no globo terrestre é, por si só, um fenômeno secundário ou meramente virtual. Foi de um devaneio juvenil cheio de especulações desse tipo

---

6   Sigmund Freud (1856 - 1939) foi um neurologista e psiquiatra austríaco. Considerado o pai da psicanálise. (N. do E.)

que me levantei numa tarde no inverno de 1900-1901, quando foi trazido para a instituição manicomial estatal em que eu servia como estagiário um homem cujo caso, desde então, tem me assombrado incessantemente. Seu nome, conforme consta nos registros, era Joe Slater, ou Slaader, e sua aparência era a de um habitante típico da região da Montanha Catskill; um desses estranhos e repulsivos descendentes de uma primitiva linhagem camponesa colonial, cujo isolamento por quase três séculos nas fortalezas montanhosas de um campo pouco percorrido os fez afundar em uma espécie de degeneração bárbara, ao invés de evoluírem com seus irmãos mais afortunados dos distritos densamente povoados. Entre essa gente estranha, que corresponde exatamente ao elemento decadente do "lixo branco" do sul, a lei e moral são inexistentes; e seu estado mental geral é provavelmente inferior ao de qualquer outra parte do povo nativo americano. Joe Slater, que veio para a instituição sob a custódia vigilante de quatro policiais estaduais, e que foi descrito como um personagem altamente perigoso, certamente não apresentou nenhuma evidência de sua disposição perigosa quando o vi pela primeira vez. Embora bem acima da estatura média, e de estrutura um tanto musculosa, ele tinha uma aparência absurda de estupidez inofensiva dada pelo azul pálido e sonolento de seus pequenos olhos lacrimejantes, pela escassez de sua barba loira negligenciada e nunca aparada, e pela queda apática de seu pesado lábio inferior. Sua idade era desconhecida, pois entre sua espécie não existem registros familiares nem vínculos familiares permanentes; mas a julgar pela calvície frontal de sua cabeça, e pela condição deteriorada de seus dentes, o cirurgião-chefe o registrou como um homem de cerca de quarenta anos. A partir dos registros médicos e judiciais, aprendemos tudo o que poderia ser coletado de seu caso. Este homem, um vagabundo, caçador e trapaceiro, sempre foi estranho aos olhos de seus associados primitivos. Ele costumava dormir à noite além do horário normal e, ao acordar, muitas vezes falava de coisas desconhecidas de uma maneira tão bizarra que inspirava medo até no coração de uma população sem imaginação. Não que sua forma de linguagem fosse incomum, pois ele nunca falava a não ser no dialeto degradado de seu ambiente; mas o tom e o teor de suas declarações eram de uma selvageria tão misteriosa, que ninguém poderia ouvi-lo sem apreensão. Ele mesmo estava geralmente tão aterrorizado e perplexo quanto seus ouvintes, e uma hora depois de acordar esquecia tudo o que havia dito ou pelo menos tudo o que o fizera dizer o que dissera; recaindo em uma normalidade, meio amável, como a dos outros moradores das montanhas. À medida que Slater envelhecia, ao que parecia, suas aberrações matutinas aumentaram gradualmente em frequência e violência, até cerca de um mês antes de sua chegada à instituição, quando ocorreu a chocante tragédia que ocasionou sua prisão pelas autoridades. Um dia, perto do meio-dia, depois de um sono profundo iniciado por volta das cinco da tarde do dia anterior por excesso de uísque, o homem despertou de repente com uivos tão horríveis e sobrenaturais que trouxeram vários vizinhos até sua cabana — um chiqueiro imundo onde ele morava com uma família tão indescritível quanto ele. Correu em direção à neve, onde ergueu os braços e começou uma série de saltos para o alto, enquanto gritava sua determinação de chegar a uma enorme cabana de teto, paredes e piso brilhantes e música alta e estranha ao longe. Enquanto dois homens de tamanho moderado procuravam contê-lo, ele lutava com força e fúria maníaca, gritando seu desejo e necessidade de encontrar e matar uma certa coisa que brilhava, tremia e ria. Por fim, depois de derrubar temporariamente um de seus captores com um golpe súbito, ele se lançou sobre o outro em um êxtase demoníaco, com sede de sangue, gritando diabolicamente que "pularia alto no ar e abriria caminho através de qualquer coisa que o impedisse". A família e os vizinhos tinham fugido em pânico e, quando os mais corajosos voltaram, Slater havia partido, deixando para trás uma coisa irreconhecível, parecida com uma polpa que fora um homem vivo apenas uma hora antes. Ninguém se atreveu a persegui-lo, e é provável que teriam saudado sua morte causada pelo frio; mas, quando várias manhãs passadas, seus gritos foram ouvidos em uma ravina distante, perceberam que, de alguma forma, ele havia conseguido sobreviver e que sua remoção de uma forma ou de outra seria necessária. Seguiu-se então um grupo de busca armado, cujo objetivo (qualquer que tenha sido originalmente) tornou-se o mesmo de um destacamento de auxílio ao xerife, depois que um dos soldados do governo, raramente populares, os viu por acidente, e, após ser questionado, finalmente, juntou-se à busca. No terceiro dia, Slater foi encontrado inconsciente no oco de uma árvore e levado para a prisão mais próxima, onde os alienistas de Albany o examinaram assim que seus sentidos voltaram. Para eles, ele contou uma história simples. Disse que tinha ido dormir uma tarde ao pôr do sol depois de beber muito quando acordou e se encontrou sobre a neve, diante de sua cabana, com as mãos ensanguentadas e o cadáver mutilado de seu vizinho Peter Slader aos seus pés. Horrorizado, ele foi para a floresta em um vago esforço de escapar da cena do que deveria ter sido um crime de sua autoria. Além disso, nada mais ele parecia saber, nem o questionamento especializado de seus interrogadores pôde trazer à tona um único fato adicional. Naquela noite, Slater dormiu tranquilamente, e na manhã seguinte, ele acordou sem nenhuma característica singular, exceto uma certa alteração de expressão. O Dr. Barnard, que estivera observando o paciente, pensou ter notado nos olhos azul-claros um certo brilho de qualidade peculiar; e nos lábios flácidos, um aperto quase imperceptível, como se fosse uma determinação inteligente. Mas quando questionado, Slater voltou à habitual estupidez do habitante das montanhas, e apenas reiterou o que dissera no dia anterior. Na terceira manhã ocorreu o primeiro ataque mental do homem. Após alguma demonstração de inquietação no sono, ele irrompeu em um frenesi tão poderoso que os esforços combinados de quatro homens foram necessários para prendê-lo em uma camisa de força. Os alienistas ouviram com grande atenção as suas palavras, já que sua curiosidade havia sido despertada ao máximo pelas histórias sugestivas, mas principalmente conflitantes e incoerentes da família e vizinhos dele. Slater delirou por mais de quinze minutos, balbuciando em seu dialeto sertanejo acerca de grandes edifícios de luz, oceanos de espaço, música estranha, montanhas e vales sombrios. Mas, acima de tudo, ele se deteve em alguma entidade misteriosa e ardente que tremia, ria e zombava dele. Essa personalidade, vasta e vaga, parecia ter feito a ele um terrível mal, e matá-la em uma vingança triunfante era seu desejo supremo. Para alcançá-la, disse ele, voaria pelos abismos do vazio, destruindo todos os obstáculos que estivessem em seu caminho. Assim correu seu discurso até que, com a maior rapidez, ele cessou. O fogo da loucura extinguiu-se de seus olhos, e com estupefata admiração ele olhou para seus inquisidores e perguntou por que estava preso. O Dr. Barnard desafivelou o cinto de couro da camisa de força e não a recolocou até o anoitecer, quando conseguiu persuadir Slater a vesti-la por vontade própria, para seu próprio bem. O homem agora admitia que às vezes falava de maneira estranha, embora não soubesse o porquê. Aconteceram mais dois ataques no intervalo de uma semana, mas os médicos pouco aprenderam com eles. Sobre a fonte das visões de Slater, eles especularam longamente, pois como ele não sabia ler nem escrever, e aparentemente nunca tinha ouvido uma lenda ou conto de fadas, seu esplêndido imaginário era difícil de ser explicado. Que não era possível de vir de um mito ou romance conhecido ficou especialmente claro pelo fato de que o infeliz lunático se expressou apenas na sua maneira simples. Ele delirava com coisas que não entendia e não conseguia interpretar; coisas que ele afirmava ter experimentado, mas que não poderia ter aprendido por meio de qualquer narração normal ou relacionada. Os alienistas logo concordaram que os sonhos anormais eram a base do problema; sonhos cuja vivacidade podia dominar completamente a mente desperta desse homem basicamente inferior por algum tempo. Com a devida formalidade, Slater foi julgado por assassinato, absolvido por insanidade e internado na instituição onde eu tinha um cargo tão humilde. Eu tenho dito ser um especulador constante da vida onírica, e a partir disso você pode julgar a avidez com que me dediquei ao estudo do novo paciente assim que averiguei plenamente os fatos de seu caso. Ele parecia sentir uma certa amizade por mim; nascida, sem dúvida, do interesse que não pude esconder, e da maneira gentil com que o interrogava. Não que ele tenha me reconhecido alguma vez durante seus ataques, quando eu pendia esbaforido sobre as imagens caóticas, mas cósmicas, descritas por ele; contudo, ele me conhecia nas suas horas tranquilas, quando se sentava à janela gradeada, tecendo cestas de palha e salgueiro, e talvez ansiando pela liberdade nas montanhas que nunca mais poderia desfrutar. Sua família nunca fez contato para vê-lo; provavelmente tinha encontrado outro maluco, seguindo o costume do povo decadente da montanha. Aos poucos, comecei a sentir um espanto avassalador com as concepções loucas e fantásticas de Joe Slater. O próprio homem era lamentavelmente inferior em mentalidade e linguagem; mas suas visões brilhantes e titânicas, embora descritas em um jargão bárbaro e desconexo, eram seguramente coisas que apenas um cérebro superior ou mesmo excepcional poderia conceber. Como, eu me perguntava muitas vezes, poderia a imaginação impassível de um degenerado de Catskill evocar visões cuja própria posse sugeria uma faísca de gênio à espreita? Como poderia qualquer idiota do sertão ter tido sequer um vislumbre daqueles reinos brilhantes de esplendor e espaço sobre os quais Slater vociferava em seu delírio furioso? Cada vez mais me inclinava a acreditar que, na lamentável personalidade que se encolheu diante de mim, estava o núcleo desordenado de algo além de minha compreensão; algo infinitamente além da compreensão de meus colegas médicos e cientistas mais experientes, mas menos imaginativos. E, no entanto, não consegui extrair nada definitivo do homem. A soma de toda a minha investigação foi que, em uma espécie de vida onírica semi-incorpórea, Slater vagava ou flutuava por vales, prados, jardins, cidades e palácios de luz resplandecentes e prodigiosas — uma região ilimitada e desconhecida pelo homem. Lá, ele não era um camponês ou degenerado, mas uma criatura de importância e vida rica; movendo-se orgulhosa e dominantemente, e impedido apenas por um certo inimigo mortal, que parecia ser uma entidade de estrutura visível, mas etérea, e que não parecia ter forma humana, já que Slater nunca se referiu àquilo como um homem, ou como qualquer coisa parecida. Essa coisa tinha feito a Slater um mal hediondo, mas sem nome, e o maníaco (se maníaco ele era) ansiava por vingança. Pela maneira como Slater aludiu às suas relações, julguei que ele e a coisa luminosa haviam se encontrado em igualdade de condições; que, em sua existência onírica, o próprio homem era uma coisa luminosa da mesma raça que seu inimigo. Essa impressão foi sustentada por suas frequentes referências a voar pelo espaço e queimar tudo o que impedia seu progresso. No entanto, essas concepções foram formuladas em palavras rústicas, totalmente inadequadas para transmiti-las, uma circunstância que me levou à conclusão de que, se realmente existisse um verdadeiro mundo dos sonhos, a linguagem oral não era o meio para expressá-la. Será que a alma onírica que habitava esse corpo inferior lutava desesperadamente para falar coisas que a língua simples e hesitante da estupidez não conseguia pronunciar? Será que eu estava face a face com emanações intelectuais que explicariam o mistério se eu pudesse aprender a descobri-las e lê-las? Não contei essas coisas aos médicos mais velhos, pois a meia-idade é cética, cínica e pouco inclinada a aceitar novas ideias. Além disso, o chefe da instituição havia me avisado recentemente, com seu jeito paternal, que eu vinha trabalhando demais; e que minha mente precisava de um descanso. Há muito eu acreditava que o pensamento humano era constituído basicamente de movimento atômico ou molecular, conversível em ondas de éter de energia radiante como calor, luz e eletricidade. Essa crença me levou, desde cedo, a contemplar a possibilidade de telepatia ou comunicação mental por meio de aparelhos adequados e, em meus tempos de faculdade, eu havia preparado um conjunto de instrumentos de transmissão e recepção um tanto semelhantes aos complicados dispositivos empregados na telegrafia sem fio, naquela época grosseira, período anterior ao rádio. Estes eu havia testado com um colega, mas sem conseguir qualquer resultado e logo foram embaladas juntamente a outras quinquilharias científicas para um possível uso futuro. Agora, em meu intenso desejo de investigar a vida onírica de Joe Slater, busquei esses instrumentos novamente, e passei vários dias consertando-os para utilização. Quando terminado, não perdi qualquer oportunidade de testá-los. A cada explosão de violência de Slater, eu encaixava o transmissor na testa dele e o receptor na minha, fazendo ajustes finos constantemente, buscando vários comprimentos hipotéticos de onda de energia intelectual. Eu tinha pouca noção de como as impressões de pensamento, se transmitidas com sucesso, despertariam uma resposta inteligente

em meu cérebro; mas tinha certeza de que poderia detectá-las e interpretá-
-las. Assim, continuei meus experimentos, embora não informando a ninguém sobre sua natureza. Foi no dia 21 de fevereiro de 1901 que a coisa finalmente aconteceu. Recordando, ao longo dos anos, percebo o quão irreal
parece; e às vezes me pergunto se o velho Dr. Fenton não estava certo quando
atribuiu tudo à minha excitada imaginação. Lembro-me de que ele ouviu com
grande bondade e paciência quando eu lhe contei, mas depois me deu um pó
para os nervos e providenciou férias de meio ano; parti na semana seguinte.
Naquela noite fatídica, eu estava extremamente agitado e perturbado, pois
apesar do excelente cuidado que recebera, Joe Slater estava verdadeiramente
morrendo. Talvez fosse da sua liberdade nas montanhas que ele sentisse falta,
ou talvez a turbulência em seu cérebro tivesse se tornado muito aguda para
seu físico um tanto lento; mas, em todo caso, a chama da vitalidade vacilou
no corpo decadente. Ele estava sonolento, perto do fim e, quando a escuridão
caiu, ele caiu em um sono perturbado. Não o prendi à camisa de força, como
era costume quando ele dormia, pois percebi que ele estava fraco demais para
ser perigoso, mesmo que acordasse em transtorno mental mais uma vez antes
de falecer. Porém, coloquei sobre sua cabeça e a minha as duas extremidades
do meu "rádio" cósmico; com esperança desesperançada por uma primeira e
última mensagem do mundo dos sonhos no breve tempo restante. Na cela
estava conosco um enfermeiro, um sujeito medíocre que não entendia o propósito do aparelho, nem pensava em investigar minhas intenções. À medida
que as horas passavam, vi a cabeça dele pender desajeitadamente em sono,
mas não o perturbei. Eu mesmo, embalado pela respiração rítmica do saudável e do moribundo, devo ter assentido um pouco mais tarde. O som da estranha melodia lírica foi o que me despertou. Acordes, vibrações e êxtases har-
mônicos ecoavam apaixonadamente por toda parte, enquanto em minha
visão arrebatada eclodiu um espetáculo estupendo de beleza suprema. Paredes, colunas e arquitraves de fogo vivo ardiam com refulgência ao redor do
local onde eu parecia flutuar no ar, estendendo-se para cima até uma cúpula
abobadada infinitamente alta de esplendor indescritível. Misturando-se com
essa exibição de magnificência palaciana, ou melhor, suplantando-a às vezes
em rotação caleidoscópica, havia vislumbres de amplas planícies e vales graciosos, altas montanhas e grutas convidativas cobertas com todos os atributos
encantadores de cenário que meus olhos encantados poderiam conceber, mas
formado inteiramente de alguma entidade brilhante, etérea, plástica, que em
consistência compartilhava tanto em espírito quanto em matéria. Enquanto

olhava, percebi que meu próprio cérebro continha a chave para essas metamorfoses encantadoras; pois cada vista que me aparecia era aquela que minha mente mutante mais desejava contemplar. Em meio a esse reino elisiano eu não habitava como um estranho, pois cada visão e som me eram familiares, assim como antes havia sido por incontáveis Eras de eternidade, e seria por eternidades semelhantes adiante. Então, a aura resplandecente de meu irmão de luz se aproximou e conversou comigo, alma a alma, com troca silenciosa e perfeita de pensamentos. A hora era de triunfo próximo, pois não estava finalmente o meu semelhante escapando de uma escravidão periódica degradante, fugindo para sempre e preparando-se para seguir o maldito opressor até os confins do éter, para que sobre ele pudesse ser forjada uma vingança cósmica flamejante que abalaria as esferas? Flutuamos assim por algum tempo, quando percebi um leve borrão e desbotamento dos objetos ao nosso redor, como se alguma força estivesse me trazendo de volta à Terra — aonde eu menos desejava ir. A forma perto de mim também parecia sentir uma mudança, pois levou seu discurso gradualmente a uma conclusão, e ela mesma se preparou para sair de cena, desaparecendo da minha vista numa velocidade pouco menos rápida do que a dos outros objetos. Mais alguns pensamentos foram trocados, e eu sabia que o luminoso e eu estávamos sendo chamados de volta à escravidão, embora para meu irmão de luz aquela seria a última vez. A triste crosta do planeta, estando quase esgotada, em menos de uma hora meu companheiro estaria livre para perseguir o opressor ao longo da Via Láctea e além das estrelas até os confins do infinito. Um choque bem definido separou minha impressão final da cena de luz, desaparecendo no meu despertar repentino e um tanto envergonhado conforme me endireitava na cadeira quando vi a figura moribunda no sofá se mover hesitantemente. Joe Slater estava de fato despertando, embora provavelmente pela última vez. Ao olhar mais de perto, vi que nas bochechas pálidas brilhavam manchas de uma cor que nunca haviam estado presentes. Os lábios também pareciam incomuns, sendo fortemente comprimidos, como se fosse pela força de um caráter mais forte do que o de Slater. Todo o rosto finalmente começou a ficar tenso, e a cabeça virou-se inquieta com os olhos fechados. Eu não despertei o enfermeiro adormecido, mas reajustei as faixas ligeiramente desordenadas do meu "rádio" telepático, com a intenção de captar qualquer mensagem de despedida que o sonhador pudesse querer deixar. De repente, a cabeça virou-se bruscamente em minha direção e os olhos se abriram, fazendo-me encarar com espanto o que via. O homem que tinha sido Joe Slater, o decadente Catskill, agora me olhava com um par de olhos luminosos e dilatados cujo azul parecia sutilmente ter se aprofundado. Nem a mania nem a degeneração eram visíveis naquele olhar, e eu senti, sem dúvida, que estava vendo um rosto atrás do qual havia uma mente ativa de ordem maior. Nesse momento, meu cérebro tomou consciência de uma constante influência externa que operava sobre ele. Fechei os olhos para concentrar meus pensamentos mais profundamente e fui recompensado pelo conhecimento positivo de que minha mensagem mental tão desejada finalmente chegara. Cada ideia transmitida formou-se rapidamente em minha mente e, embora nenhuma linguagem real fosse empregada, minha associação habitual de concepção e expressão era tão grande que parecia estar recebendo a mensagem em linguagem comum.

— Joe Slater está morto; veio a voz petrificante da alma ou do agente além da muralha do sono. Meus olhos abertos procuraram o leito de dor com curioso horror, mas os olhos azuis ainda estavam olhando calmamente, e o semblante ainda estava inteligentemente animado.

— Ele está melhor morto, pois não era capaz de suportar o intelecto ativo da entidade cósmica. Seu corpo grosseiro não podia sofrer os ajustes necessários entre a vida etérea e a vida no planeta. Ele era muito animal, muito pouco homem; no entanto, foi através de sua deficiência que você veio a me descobrir, pois as almas cósmicas e planetárias, com razão, nunca deveriam se encontrar. Ele foi meu tormento e prisão diurna por quarenta e dois de seus anos terrestres. Eu sou uma entidade como aquela que você se torna na liberdade do sono sem sonhos. Eu sou seu irmão de luz e flutuei com você nos vales refulgentes. Não me é permitido dizer ao seu eu terrestre desperto sobre o seu eu real, mas todos nós somos peregrinos de vastos espaços e viajantes de muitas Eras. No próximo ano eu posso estar morando no obscuro Egito que vocês chamam de antigo, ou no cruel império de Tsan-Chan que está por vir daqui a três mil anos. Você e eu vagamos pelos mundos que giram em torno do Arturo vermelho e moramos nos corpos dos insetos-filósofos que rastejam orgulhosamente sobre a quarta lua de Júpiter. Quão pouco sabe o eu-terrestre sobre a vida e sua extensão! Quão pouco, de fato, deva saber para manter sua própria tranquilidade! Do opressor não posso falar. Você, na Terra, sentiu involuntariamente sua presença distante — você que, sem saber, ociosamente deu ao seu farol piscante o nome de Algol, a Estrela-Demônio. É para encontrar e vencer o opressor que, em vão, tenho lutado por Eras, retido por estorvos corporais. Esta noite, eu vou como um Nêmesis levando uma vingança justa e cataclísmica. Observe-me no céu perto da Estrela-Demônio.

Não posso falar mais, pois o corpo de Joe Slater está esfriando e enrijecendo, e os cérebros grosseiros estão parando de vibrar conforme meu desejo. Você tem sido meu amigo no Cosmos; você tem sido meu único amigo neste planeta — a única alma a sentir e procurar por mim dentro da forma repelente que jaz neste sofá. Nós nos encontraremos novamente — talvez nas brumas brilhantes da Espada de Órion, talvez em um planalto sombrio na Ásia pré--histórica. Talvez em sonhos esquecidos esta noite; talvez de alguma outra forma daqui à eternidade, quando o sistema solar tiver sido varrido.

Nesse ponto, as ondas de pensamento cessaram abruptamente, e os olhos pálidos do sonhador — ou devo dizer, do homem morto? Em meio ao torpor, fui até o sofá e tomei sua pulsação, mas o encontrei frio, rígido e sem pulso. As pálidas bochechas empalideceram novamente, e os lábios grossos se abriram, revelando as presas podres e repulsivas do degenerado Joe Slater. Estremeci, puxei um cobertor sobre o rosto hediondo e acordei o enfermeiro. Então saí da cela e fui silenciosamente para o meu quarto. Eu tinha um desejo insistente e inexplicável de um sono cujos sonhos eu não devesse lembrar. O auge? Que história simples da ciência pode se gabar de tal efeito retórico? Limitei-me a estabelecer certas coisas que me atraem como fatos, permitindo a você que as interpretem como quiser. Como já admiti, meu superior, o velho Dr. Fenton, nega a realidade de tudo o que relatei. Ele jura que eu estava arrasado com a tensão nervosa e precisando muito de longas férias com pagamento integral que ele tão generosamente me concedeu. Ele me garante, em sua honra profissional, que Joe Slater era apenas um paranoico de baixo grau, cujas noções fantásticas devem ter vindo dos contos folclóricos hereditários e grosseiros que circulam pelas comunidades mais decadentes. Tudo isso ele me contou — mas não consigo esquecer o que vi no céu na noite após a morte de Slater. Para que você não me considere uma testemunha tendenciosa, a pena de outra pessoa deve acrescentar este testemunho final, que talvez possa fornecer o clímax que você espera. Citarei o seguinte relato da estrela Nova Perseu textualmente das páginas dessa eminente autoridade astronômica, Prof. Garrett P. Serviss: "Em 22 de fevereiro de 1901, uma nova estrela maravilhosa foi descoberta pelo Dr. Anderson, de Edimburgo, não muito longe de Algol. Nenhuma estrela fora vista naquele ponto antes. Em vinte e quatro horas, tornou-se tão brilhante que ofuscou Capela. Em uma ou duas semanas, ela havia desaparecido visivelmente e, no decorrer de alguns meses, dificilmente era discernível a olho nu".

VELHO BUGS (1919)

Sheehan's Pool Room, que adorna um dos menores becos no coração do distrito de estocagem de Chicago, não é um lugar agradável. Seu ar, carregado com mil odores, como os que Coleridge deve ter encontrado em Colônia, raramente conhece os raios purificadores do sol; mas luta por espaço com a fumaça acre de incontáveis charutos e cigarros baratos que pendem dos lábios grosseiros de inúmeros animais humanos que assombram o lugar dia e noite. Mas a popularidade de Sheehan permanece intacta; e para isso há uma razão — uma razão óbvia para qualquer um que se dê ao trabalho de analisar os fedores mistos que prevalecem ali. No alto e acima da fumaça e da proximidade doentia ergue-se um aroma outrora familiar em toda a terra, mas agora felizmente banido para as ruas secundárias da vida pelo decreto de um governo benevolente — o aroma de uísque forte e perverso — um precioso tipo de fruto proibido, de fato, nesse ano de graça de1950.

Sheehan's é o centro reconhecido do tráfico subterrâneo de bebidas e narcóticos de Chicago e, como tal, tem uma certa dignidade que se estende até aos adidos desleixados do lugar; mas até recentemente havia alguém que estava fora dos limites dessa dignidade — alguém que compartilhava a miséria e a imundície, mas não a importância de Sheehan. Ele foi chamado de Velho Bugs, e foi o objeto mais desonroso em um ambiente desonroso. O que ele tinha sido, muitos tentaram adivinhar; pois sua linguagem e modo de expressão, quando intoxicado até certo ponto, eram tais que causavam admiração; mas o que ele era, apresentava menos dificuldade — pois Velho Bugs, em grau superlativo, simbolizava a espécie patética conhecida como "beberrão" ou "incapaz". De onde ele viera, ninguém sabia dizer. Uma noite, ele explodiu descontroladamente no Sheehan's, espumando pela boca e gritando por uísque e haxixe; e tendo sido suprido em troca da promessa de fazer biscates, tinha vagado desde então, esfregando o chão, limpando cuspideiras e copos, e atendendo a uma centena de tarefas semelhantes em troca da bebida e das drogas que eram necessárias para mantê-lo vivo e são.

Ele falava pouco, e geralmente no jargão comum do submundo; mas ocasionalmente, quando inflamado por uma dose extraordinariamente generosa de uísque bruto, irrompia em cordões de polissílabos incompreensíveis e fragmentos de prosa e verso sonoros que levavam certos *habitués* a conjecturar que ele já tinha visto dias melhores. Um patrono constante — um inadimplente de banco disfarçado — vinha conversar com ele com bastante regularidade e, pelo tom de seu discurso, arriscou a opinião de que ele havia sido escritor ou professor em sua época. Mas a única pista tangível do passado do Velho Bugs era uma fotografia desbotada que ele carregava consigo constantemente — a fotografia de uma jovem de feições nobres e belas. Às vezes, ele a tirava de seu bolso esfarrapado, desembrulhava-a cuidadosamente de sua cobertura de papel de seda e olhava-a por horas com uma expressão de tristeza e ternura inefáveis. Não era o retrato de alguém que um habitante do submundo provavelmente conheceria, mas de uma dama de boa educação e qualidade, vestida com o pitoresco traje de trinta anos atrás. O próprio Velho Bugs também parecia pertencer ao passado, pois suas roupas indescritíveis traziam todas as marcas da antiguidade. Ele era um homem de imensa estatura — provavelmente mais de um metro e oitenta —, embora seus ombros curvados às vezes desmentissem esse fato. Seu cabelo ralo e de um branco sujo, nunca era penteado; e sobre seu rosto magro crescia um restolho sarnento de barba áspera que parecia permanecer sempre eriçada — nunca aparada — porém, nunca longa o suficiente para formar um respeitável conjunto de bigodes. Suas feições talvez tivessem sido nobres algum dia, mas agora estavam marcadas pelos efeitos medonhos de uma terrível devassidão. Em certa época — provavelmente na meia-idade — ele evidentemente fora muito gordo; mas agora ele estava horrivelmente magro, a carne roxa pendurada em bolsas soltas sob seus olhos turvos acima de suas bochechas. De modo geral, o Velho Bugs não era agradável de se ver.

A disposição do Velho Bugs era tão estranha quanto seu aspecto. Normalmente ele era fiel ao tipo abandonado — pronto para fazer qualquer coisa por um níquel ou uma dose de uísque ou haxixe —, mas em raros intervalos ele mostrava os traços que lhe valeram seu nome. Então ele tentava se endireitar, e um certo fogo se insinuava nos olhos fundos. Seu comportamento assumia uma graça inusitada e até dignidade; e as criaturas encharcadas ao seu redor sentiam algo de superioridade — algo que as tornava menos dispostas a dar os habituais chutes e socos no pobre traseiro do burro de carga. Nessas ocasiões, ele mostrava um humor sardônico e fazia comentários que o povo de Sheehan considerava tolos e irracionais. Mas os feitiços logo passariam, e mais uma vez o Velho Bugs retomaria sua eterna esfregação de chão e limpeza das cuspideiras. Mas, por um lado, ele teria sido um escravo ideal para o estabelecimento — e essa era sua conduta quando os jovens eram apresentados para sua primeira bebida. O velho então se levantava do chão com raiva e excitação, murmurando ameaças e advertências, e tentando dissuadir os noviços de embarcar em seu curso de "ver a vida como ela é". Ele gaguejava e fumegava, explodindo em longas admoestações e xingamentos estranhos, e ficava animado por uma seriedade assustadora que fazia estremecer mais de uma mente drogada na sala lotada. Mas, depois de um tempo, seu cérebro enfraquecido pelo álcool se desviava do assunto, e com um sorriso tolo, ele se voltava mais uma vez para seu esfregão ou pano de limpeza.

Eu não acho que muitos dos clientes regulares de Sheehan vão esquecer o dia em que o jovem Alfred Trever chegou. Ele era mais um "achado" — um jovem rico e de alto astral que iria "extrapolar" em qualquer coisa que empreendesse — pelo menos, esse foi o veredicto de Pete Schultz, o "corredor" de Sheehan, que havia encontrado o menino na Lawrence College, na pequena cidade de Appleton, Wisconsin. Trever era filho de pais proeminentes em Appleton. Seu pai, Karl Trever, era um advogado e cidadão distinto, enquanto sua mãe tinha uma reputação invejável como poetisa sob o nome de solteira de Eleanor Wing. Alfred era, ele próprio, um estudioso e poeta de distinção, embora amaldiçoado com uma certa irresponsabilidade infantil que o tornava uma presa ideal para o mensageiro de Sheehan. Ele era loiro, bonito e mimado; vivaz e ansioso para provar as várias formas de devassidão sobre as quais tinha lido e ouvido. Em Lawrence, ele tinha sido proeminente no grêmio postiço "Tappa Tappa Keg", onde ele era o mais selvagem e alegre entre os jovens selvagens e alegres galanteadores; mas essa frivolidade imatura e colegial não o satisfez. Ele conhecia vícios mais profundos através dos livros, e agora desejava conhecê-los em primeira mão. Talvez essa tendência à selvageria tenha sido um pouco estimulada pela repressão a que fora submetido em casa; pois a Sra. Trever tinha uma razão especial para treinar seu único filho com rígida severidade. Ela havia, em sua própria juventude, ficado profunda e permanentemente impressionada com o horror da devassidão ocorrido com alguém de quem ela fora noiva por algum tempo.

O jovem Galpin, o noivo em questão, fora um dos filhos mais notáveis de Appleton. Obtendo distinção ainda menino devido ao seu maravilhoso intelecto, ganhou grande fama na Universidade de Wisconsin, e aos 23 anos retornou a Appleton para assumir uma cátedra em Lawrence e colocar um diamante no dedo da mais pura e bela filha de Appleton.

Por uma temporada tudo correu bem, até que, sem aviso, a tempestade eclodiu. Maus hábitos, que datavam de uma primeira bebedeira ocorrida anos antes na reclusão da floresta, manifestaram-se no jovem professor; e só por conta de uma demissão apressada ele escapara de um processo desagradável por ofensa aos hábitos e à moral dos alunos sob sua responsabilidade. Com o noivado rompido, Galpin mudou-se para o leste para recomeçar a vida; mas em pouco tempo, os Appletonianos ouviram falar de sua demissão em desgraça da Universidade de Nova York, onde obteve uma orientação em inglês. Galpin agora dedicava seu tempo à biblioteca e à plataforma de palestras, preparando volumes e discursos sobre vários assuntos relacionados às *belles lettres*, e sempre exibindo um gênio tão notável que parecia que o público deveria perdoá-lo por seus erros do passado. Suas apaixonadas palestras em defesa de Villon, Poe, Verlaine e Oscar Wilde também se aplicavam a si mesmo, e no curto verão indiano de sua glória falava-se de um compromisso renovado em uma certa casa culta na Park Avenue. Porém, o golpe caiu. Uma desgraça final, em comparação com a qual as outras nada eram, despedaçou as ilusões daqueles que passaram a acreditar na reforma de Galpin; e o jovem abandonou seu nome e desapareceu da vista do público. De vez em quando, boatos o associavam a um certo "cônsul Hasting", cujo trabalho para o palco e para companhias cinematográficas atraía certo grau de atenção por causa de sua amplitude e profundidade acadêmica; mas Hasting logo desapareceu dos olhos do público, e Galpin tornou-se apenas um nome para os pais citarem com acentos de advertência. Eleanor Wing logo celebrou seu casamento com Karl Trever, um jovem advogado em ascensão, e de seu ex-admirador reteve apenas a memória suficiente para ditar o nome de seu único filho e a orientação moral daquele jovem bonito e obstinado. Agora, apesar de toda essa orientação, Alfred Trever estava no Sheehan's e prestes a tomar seu primeiro gole.

— Patrão, exclamou Schultz, ao entrar no quarto malcheiroso com sua jovem vítima —, conheça meu amigo Al Trever, melhor "esportistazinho" de Lawrence que fica em Appleton, Wisconsin, você sabe. Um cara legal. O pai é um grande advogado de corporações em sua cidade, e a mãe é um gênio da literatura. Ele quer ver a vida como ela é, quer saber como é o sabor do verdadeiro suco de relâmpago, então lembre-se, ele é meu amigo, então, trate-o bem.

Quando os nomes Trever, Lawrence e Appleton ressoaram, os indolentes pareceram sentir algo incomum. Talvez fosse apenas algum som conectado com as bolas estalando das mesas de sinuca ou os copos tilintando que foram trazidos da obscuridade dos fundos — talvez apenas isso, além de um estranho farfalhar das cortinas sujas daquela janela esquálida —, mas muitos acharam que alguém na sala rangera os dentes e respirara fundo.

— É um prazer conhecê-lo, Sheehan — disse Trever em um tom calmo e bem-educado.

— Esta é minha primeira experiência em um lugar como este, mas sou um estudante da vida e não quero perder nada. Há poesia nesse tipo de coisa, sabe... ou talvez não saiba, mas é tudo a mesma coisa.

— Jovem — respondeu o proprietário —, você veio ao lugar certo para ver a vida. Temos todos os tipos aqui, vida de verdade e diversão. O maldito governo pode tentar fazer com que as pessoas se sintam bem, se quiserem, mas não pode impedir um cara de bater em você quando ele quiser. O que você quer, cara? Bebida, coca ou algum outro tipo de droga? Você não pode pedir nada que não temos.

Os *habitués* dizem que foi nesse momento que notaram uma cessação nos movimentos regulares e monótonos do esfregão.

— Eu quero uísque, bom e velho centeio! — exclamou Trever com entusiasmo.

— Vou dizer, estou farto de água depois de ler sobre as animadas brigas que os caras costumavam ter nos velhos tempos. Não consigo ler um Anacreonte sem sentir água na boca, e é por algo muito mais forte do que água que minha boca tem sede!

— Anacreonte... o que diabos é isso?

Vários sanguessugas olharam para cima quando o jovem foi um pouco além da sua profundidade. Mas o inadimplente do banco disfarçado explicou a eles que Anacreonte fora um velho e feliz patife que vivera muitos anos atrás e escrevera sobre como se divertia quando todo mundo era igual a Sheehan.

— Deixe-me ver, Trever — continuou o inadimplente.

— O Schultz não disse que sua mãe também é uma pessoa da literatura?

— Sim, maldito seja — respondeu Trever.

— Mas nada como uma velha habitante de Teos! Ela é uma daquelas eternas e chatas moralistas que tentam acabar com toda a alegria da vida. Tipo Namby-Pamby. Já ouviu falar dela? Ela escreve sob seu nome de solteira de Eleanor Wing.

Foi aqui que o Velho Bugs largou o seu esfregão.

— Bem, é o seguinte — anunciou a Sheehan jovialmente enquanto uma bandeja de garrafas e copos eram levados para dentro da sala.

— Bom e velho centeio, e tão ardente quanto os que você encontra em qualquer lugar em Chi.

Os olhos do jovem brilharam e suas narinas se dilataram com a fumaça do fluido acastanhado que um atendente estava lhe servindo. Aquilo o repugnou terrivelmente e enojou toda a sua delicadeza herdada; mas sua determinação de saborear a vida ao máximo permaneceu com ele, que manteve a pose ousada. Mas antes que o seu nojo fosse posto à prova, o acaso interveio. O Velho Bugs, saltando da posição agachada em que estava até então, pulou sobre o jovem e arremessou suas mãos contra copo levantado, quase simultaneamente atacando a bandeja de garrafas e copos com seu esfregão, espalhando o conteúdo no chão em uma confusão de fluido odorífero e garrafas e copos quebrados. Vários homens, ou coisas que haviam sido homens, caíram no chão e começaram a lamber as poças de bebida derramada, mas a maioria permaneceu imóvel, observando as ações sem precedentes do malfadado serviçal do bar. O Velho Bugs se endireitou diante do atônito Trever e, com uma voz suave e culta, disse:

— Não faça isso. Eu fui como você uma vez, e eu fiz isso. Agora eu sou assim... isso.

— O que você quer dizer, seu maldito velho tolo? — gritou Trever.

— Como você quer impedir um cavalheiro de ter seus prazeres?

Sheehan, agora se recuperando de seu espanto, avançou e colocou uma mão pesada no ombro do velho pária.

— Esta é a última vez para você, bode velho! — ele exclamou furiosamente.

— Quando um cavalheiro quiser tomar uma bebida aqui, por Deus, ele vai, sem que você interfira. Agora saia daqui antes que eu te dê uma surra.

Mas Sheehan havia dado as contas sem o devido conhecimento científico da psicologia anormal e dos efeitos do estímulo nervoso. O Velho Bugs, conseguindo uma pegada mais firme em seu esfregão, começou a empunhá-lo como o dardo de um hoplita macedônico, e logo abriu um espaço considerável ao seu redor, enquanto gritava várias citações desconexas, entre as quais foi repetida com destaque:

— ...os filhos de Belial, arrastados com insolência e vinho.

A sala tornou-se um pandemônio, e os homens gritavam e uivavam de medo do ser sinistro que haviam despertado. Trever parecia atordoado com a confusão e encolheu-se contra a parede enquanto a luta aumentava.

— Ele não pode beber! Ele não pode beber!

Assim rugia o Velho Bugs enquanto ele parecia fugir. Policiais apareceram na porta, atraídos pelo barulho, mas por um tempo não fizeram nenhum movimento para intervir. Trever, agora completamente aterrorizado e curado para sempre de seu desejo de ver a vida pela via do vício, aproximou-se dos recém-chegados de casaca azul. Se ele pudesse escapar e pegar um trem para Appleton, ele refletiu, ele consideraria sua educação em devassidão completa.

Então, de repente, o Velho Bugs parou de brandir sua lança e ficou quieto, erguendo-se mais ereto do que qualquer habitante do lugar já o tinha visto fazer antes.

— Ave, César, *moriturus te salutant*! — gritou ele e caiu no chão que fedia a uísque, para nunca mais se levantar.

Impressões subsequentes nunca sairão da mente do jovem Trever. A imagem é borrada, mas inerradicável. Policiais abriram caminho entre a multidão, questionando todos de perto sobre o incidente e sobre a figura morta no chão. Para Sheehan, especialmente, fizeram perguntas, mas sem obter qualquer informação de valor sobre o Velho Bugs. Em seguida, o inadimplente do banco lembrou-se da foto e sugeriu que ela fosse visualizada e arquivada para identificação na delegacia. Um oficial curvou-se relutantemente sobre a repugnante forma de olhos vidrados e encontrou o papelão embrulhado em lenço de papel, que passou entre os outros.

— Que gata! — olhou de soslaio um bêbado ao ver o belo rosto; mas quem estava sóbrio não olhou de soslaio, observando com respeito e vergonha para os traços delicados e espirituais. Ninguém parecia capaz de saber quem era, e todos se perguntavam de que maneira o abandonado drogado podia ter tal retrato em sua posse — isto é, todos, menos o inadimplente do banco, que estava olhando para os casacas-azuis intrusos com bastante inquietação. Ele tinha visto um pouco além da máscara de degradação total do Velho Bugs.

Então, a foto foi passada para Trever, e o jovem ficou abalado. Após a primeira vista, recolocou o lenço de papel que envolvia o retrato, como que para protegê-lo da sordidez do lugar. Ele olhou longa e penetrantemente para a figura no chão, notando sua grande altura, e o elenco aristocrático de feições que pareciam mostrar-se agora que a chama miserável de vida havia se apagado. Não, ele disse apressadamente, quando a pergunta foi feita a ele, ele não conhecia a pessoa da foto. Era tão antiga, acrescentou, que ninguém agora poderia reconhecê-la.

Contudo, Alfred Trever não falara a verdade, como muitos adivinharam quando ele se ofereceu para cuidar do corpo e garantir seu enterro em Appleton. Sobre a lareira da biblioteca de sua casa estava pendurada a réplica exata daquele quadro, e durante toda a sua vida ele conhecera e amara o original. Pois as feições gentis e nobres eram as de sua própria mãe.

A MÚSICA DE ERICH ZANN (1921)

Examinei os mapas da cidade com o maior cuidado, mas nunca mais encontrei a Rue d'Auseil. Não foram somente os mapas modernos, pois sei que os nomes mudam. Pelo contrário, mergulhei profundamente em todas as antiguidades do lugar; e explorei pessoalmente todas as regiões, de qualquer nome, que poderiam corresponder à rua que eu conhecia como a Rue d'Auseil. Mas, apesar de tudo o que fiz, continua sendo um fato humilhante não encontrar a casa, a rua ou mesmo o local onde, durante os últimos meses de minha pobre vida como estudante de metafísica na universidade, ouvi a música de Erich Zann.

Que minha memória esteja fragmentada, não me admira; pois minha saúde, física e mental, foi gravemente perturbada durante todo o período de minha residência na Rue d'Auseil, e lembro-me de que não levei nenhum dos meus poucos conhecidos lá. Todavia, o fato de que eu não possa encontrar o lugar novamente é singular e desconcertante; pois ficava a meia hora de caminhada da universidade e se distinguia por peculiaridades que dificilmente poderiam ser esquecidas por quem lá esteve. Nunca conheci uma pessoa que tenha visto a Rue d'Auseil.

A Rue d'Auseil ficava do outro lado de um rio escuro, margeado por precipícios de tijolos com janelas escurecidas e atravessado por uma ponte pesada de pedra escura. Sempre havia sombras ao longo daquele rio, como se a fumaça das fábricas vizinhas apagasse o sol perpetuamente. O rio também cheirava mal com fedores que nunca senti em nenhum outro lugar, e que um dia podem me ajudar a encontrá-lo, já que eu os reconheceria imediatamente. Além da ponte, havia ruas estreitas de paralelepípedos com trilhos; e depois vinha a subida, a princípio gradual, mas incrivelmente íngreme à medida que se alcançava a Rue d'Auseil.

Nunca vi outra rua tão estreita e íngreme como a Rue d'Auseil. Era quase uma falésia, fechada a todos os veículos, constituída por vários lugares com lances de escada, e terminando no topo, na beira de um alto muro coberto com hera. Sua pavimentação era irregular, ora lajes de pedra, ora paralelepípedos, ora terra nua com vegetação cinza esverdeada. As casas eram altas, com telhados pontiagudos, incrivelmente velhas e insanamente inclinadas para trás, para a frente e para os lados. Ocasionalmente, um par oposto, ambos inclinados para a frente, quase se encontravam do outro lado da rua como um arco; e certamente eles evitavam que a maior parte da luz chegasse ao solo abaixo. Havia algumas pontes suspensas de casa em casa do outro lado da rua.

Os habitantes daquela rua me impressionavam de maneira peculiar. A princípio pensei que fosse porque eram todos calados e reticentes; mas depois decidi que isso era porque eram todos muito velhos. Não sei como vim morar nessa rua, mas eu não era eu mesmo quando me mudei para lá. Eu tinha morado em muitos lugares pobres, sempre despejado por falta de dinheiro; até que finalmente encontrei aquela casa cambaleante na Rue d'Auseil, mantida pelo paralítico Blandot. Era a terceira casa do alto da rua e, de longe, a mais alta de todas.

Meu quarto ficava no quinto andar; o único cômodo lá habitado, já que a casa estava quase vazia. Na noite em que cheguei, ouvi uma música estranha vinda do sótão pontiagudo, e no dia seguinte perguntei ao velho Blandot sobre aquilo. Ele me disse que era um velho violeiro alemão, um estranho mudo que assinava seu nome como Erich Zann e que tocava à noite em uma orquestra de teatro barata; acrescentando que o desejo de Zann de tocar à noite após seu retorno do teatro fora a razão pela qual ele tinha escolhido este quarto elevado e isolado no sótão, cuja única janela era o único ponto da rua de onde se podia contemplar por cima do muro que terminava o declive a paisagem além dele.

A partir de então, eu ouvia Zann todas as noites, e embora ele me mantivesse acordado, eu me assombrava com estranheza de sua música. Sabendo um pouco da arte, eu ainda tinha certeza de que nenhuma de suas harmonias tinha qualquer relação com a música que eu havia ouvido antes; e concluía que ele era um compositor de gênio altamente original. Quanto mais ouvia, mais fascinado ficava, até que, depois de uma semana, resolvi conhecer o velho.

Uma noite, quando ele voltava do trabalho, interceptei Zann no corredor e disse a ele que gostaria de conhecê-lo e estar com ele quando ele tocasse. Era uma pessoa pequena, magra, curvada, com roupas surradas, olhos azuis, rosto grotesco de sátiro e cabeça quase careca; e, em minhas primeiras palavras, pareceu tanto irritado quanto assustado. Minha óbvia amizade, no entanto, finalmente o tocou; e ele, relutantemente, me fez sinal para segui-lo pelas escadas escuras, rangentes e precárias do sótão. Seu quarto, um dos dois únicos no sótão íngreme, ficava no lado oeste, em direção ao muro alto que formava a extremidade superior da rua. Era muito grande e parecia maior por causa de sua extraordinária pobreza e desleixo. Dos móveis, havia apenas um estreito estrado de ferro, um lavatório encardido, uma mesinha, uma grande estante, uma estante de ferro para partituras e três cadeiras antiquadas. Partituras de música estavam empilhadas em desordem pelo chão. As paredes eram de tábuas nuas e provavelmente nunca tinham visto gesso, enquanto a abundância de poeira e teias de aranha fazia o lugar parecer mais deserto do que habitado. Evidentemente, o mundo de beleza de Erich Zann habitava em algum Cosmo distante da imaginação.

Acenando para que eu me sentasse, o mudo fechou a porta, girou o grande ferrolho de madeira e acendeu uma vela para intensificar a que ele trazia consigo. Ele tirou então a viola de sua capa roída pelas traças e, pegando-a, sentou-se na menos desconfortável das cadeiras. Ele não usou a estante de partitura, não oferecendo outra escolha e tocou de memória, encantando-me por mais de uma hora com acordes que eu nunca tinha ouvido antes; cepas que devem ter sido de sua própria invenção. Descrever sua natureza exata é impossível para alguém não versado em música. Eram uma espécie de fuga, com passagens recorrentes da qualidade mais cativante, mas para mim eram notáveis pela ausência de qualquer das estranhas notas que eu tinha ouvido em outras ocasiões do meu quarto lá embaixo.

Dessas notas assombrosas eu me lembrava, e muitas vezes cantarolava e assobiava de forma imprecisa para mim mesmo; então, quando o tocador finalmente largou seu arco, perguntei-lhe se ele tocaria algumas delas. Quando comecei meu pedido, o rosto enrugado de sátiro perdeu a placidez entediada que possuía durante a peça e pareceu mostrar a mesma curiosa mistura de raiva e medo que notei quando o abordei pela primeira vez. Por um momento, senti-me inclinado a usar de persuasão, considerando com bastante leveza os caprichos da senilidade; e até tentei despertar o humor mais estranho do meu anfitrião assobiando alguns dos acordes que eu tinha ouvido na noite anterior. Mas não segui esse caminho por mais de um momento; pois quando o músico mudo reconheceu o ar assobiado, seu rosto ficou subitamente distorcido com uma expressão totalmente indescritível, e sua longa, fria e ossuda mão direita estendeu-se para tapar a minha boca e silenciar a minha grosseira imitação. Ao fazê-lo, demonstrou ainda mais sua excentricidade lançando um olhar assustado para a solitária janela com cortinas, como se temesse algum intruso — um olhar duplamente absurdo, já que o sótão era alto e inacessível acima de todos os telhados adjacentes, sendo essa janela o único ponto na rua íngreme, como me dissera o porteiro, de onde se podia avistar o cume por cima do muro.

O olhar do velho trouxe à minha mente a observação de Blandot e, com certo capricho, senti vontade de contemplar o amplo e vertiginoso panorama de telhados enluarados e luzes da cidade além do topo da colina, o qual, entre todos os moradores da Rue d'Auseil, só este músico rabugento podia ver. Aproximei-me da janela e teria afastado as cortinas indescritíveis, quando com uma raiva amedrontada ainda maior do que antes do mudo inquilino estava sobre mim novamente; desta vez, enquanto acenava com a cabeça em direção à porta, ele nervosamente se esforçou para me arrastar com as duas mãos até ela. Agora, completamente desgostoso com meu anfitrião, ordenei-lhe que me soltasse e disse-lhe que deixaria o lugar imediatamente. Seu aperto relaxou, e quando ele viu meu desgosto e ofensa, sua própria raiva pareceu diminuir. Ele ainda me segurava, mas relaxado, desta vez de uma maneira amigável, forçando-me a sentar-me numa cadeira; então, com uma aparência de melancolia, passou para a mesa desarrumada, onde escreveu várias palavras a lápis num francês difícil de estrangeiro.

O bilhete que ele finalmente me entregou era um apelo por tolerância e perdão. Zann disse que era velho, solitário e afligido por medos estranhos e distúrbios nervosos relacionados à sua música e a outras coisas. Ele havia gostado que eu tivesse ouvido sua música, desejou que eu voltasse novamente e que eu não me importasse com suas excentricidades. Todavia, ele não poderia executar suas estranhas harmonias para outrem, e não suportava ouvi-las executadas por outrem; nem podia suportar que qualquer coisa em seu quarto fosse tocada. Ele não sabia, até nossa conversa no corredor, que eu podia ouvi-lo tocando do meu quarto, e agora me perguntava se eu poderia combinar com Blandot para que eu fosse para quarto mais baixo, onde eu não pudesse ouvi-lo durante a noite. Ele pagaria, escreveu, a diferença do aluguel.

Enquanto estava sentado decifrando o execrável francês, senti-me mais indulgente com o velho. Ele fora vítima de sofrimento físico e nervoso, assim como eu; e meus estudos metafísicos me ensinaram bondade. No silêncio veio um leve som da janela — a veneziana deve ter sacudido com o vento da noite — e por algum motivo eu me assustei quase tão violentamente quanto Erich Zann. Assim, quando terminei de ler, apertei a mão de meu anfitrião e parti como amigo. No dia seguinte, Blandot me deu um quarto mais caro no terceiro andar, entre os apartamentos de um velho agiota e o quarto de um respeitável estofador. Não havia ninguém no quarto andar.

Não demorou muito para que eu descobrisse que a ânsia de Zann pela minha companhia não era tão grande quanto parecia enquanto ele estava me convencendo a descer do quinto andar. Ele não me pediu para chamá-lo e, quando o fiz, ele pareceu inquieto e tocou apaticamente. Isso acontecia sempre à noite — durante o dia ele dormia e não recebia ninguém. Minha estima por ele não cresceu, embora o quarto do sótão e a música estranha parecessem exercer um estranho fascínio sobre mim. Eu tinha um curioso desejo de olhar por aquela janela, por cima do muro e descer a encosta invisível para os telhados e espirais reluzentes que deviam estar estendidas ali. Uma vez subi ao sótão durante o horário do teatro, quando Zann estava fora, mas a porta estava trancada.

O que consegui fazer foi ouvir, por acaso, as performances noturnas do velho mudo. No começo eu subia nas pontas dos pés até o meu antigo quinto andar; depois tomei coragem de subir a último lance de escadas rangentes até o sótão pontiagudo. Lá no corredor estreito, do lado de fora da porta trancada com o buraco da fechadura coberto, muitas vezes ouvia sons que me enchiam de um pavor indefinível — o pavor de um vago assombro e de um mistério meditativo. Não que os sons fossem horríveis, pois não eram; mas eles mantinham vibrações que não sugeriam nada deste globo terrestre, e que, em certos intervalos, assumiam uma qualidade sinfônica que eu dificilmente poderia conceber como sendo produzida por um músico. Certamente, Erich Zann era um gênio selvagem. À medida que as semanas passavam, a performance se tornava mais selvagem, enquanto o velho músico adquiria uma crescente desfiguração e furtividade lamentáveis de se ver. Ele agora se recusava em me receber e me evitava sempre que nos encontrávamos nas escadas.

Então, uma noite, enquanto eu escutava na porta, ouvi a viola estridente se transformar em uma caótica babel de som; um pandemônio que teria me levado a duvidar de minha própria abalada sanidade se não viesse de trás daquele portal gradeado uma prova lamentável de que o horror era real — o grito terrível e inarticulado que só um mudo pode proferir e que se eleva apenas em momentos do mais terrível medo ou angústia. Bati várias vezes na porta, mas não obtive resposta.

Esperei no corredor escuro subsequentemente, tremendo de frio e medo, até ouvir o débil esforço do pobre músico para se levantar do chão com a ajuda de uma cadeira. Acreditando que ele estivesse voltando à consciência após um desmaio, renovei minha cantilena, ao mesmo tempo que dizia meu nome de forma reconfortante. Ouvi Zann cambalear até a janela e fechar a persiana e o caixilho, depois ele tropeçou até a porta, que abriu vacilante para me deixar entrar. Desta vez, sua alegria por me ter presente foi real; pois seu rosto distorcido brilhava de alívio enquanto ele agarrava meu casaco como uma criança agarra as saias de sua mãe.

Tremendo pateticamente, o velho me obrigou a sentar em uma cadeira enquanto se afundava em outra, ao lado da qual sua viola e arco jaziam descuidadamente sobre o chão. Ficou sentado por algum tempo, inativo, balançando a cabeça estranhamente, mas com uma sugestão paradoxal de escuta atenta e temerosa. Em seguida, pareceu satisfeito e, dirigindo-se a uma cadeira junto à mesa, escreveu um breve bilhete, entregou-o a mim e voltou à mesa, onde começou a escrever rápida e incessantemente. A nota implorou-me, em nome da misericórdia — e por causa da minha própria curiosidade — que esperasse onde eu estava enquanto ele preparava um relato completo em alemão de todas as maravilhas e terrores que o cercavam. Esperei, e o lápis do mudo decolou.

Foi talvez uma hora depois, enquanto eu ainda esperava e enquanto as folhas febrilmente escritas do velho músico ainda continuavam a se empilhar, que vi Zann se assustar com a insinuação de um choque horrível. Inconfundivelmente, ele estava olhando para a janela com cortinas e ouvindo algo com estremecimento. Então, imaginei ter ouvido um som; embora não fosse um som horrível, mas sim uma nota musical primorosamente baixa e infinitamente distante, sugerindo um músico em uma das casas vizinhas, ou em alguma residência além do alto muro sobre o qual eu nunca conseguira olhar. Sobre Zann, o efeito foi terrível, pois deixando cair o lápis de repente ele se levantou, pegou sua viola e começou a rasgar a noite com o toque mais selvagem que eu já tinha ouvido de seu arco, exceto quando escutava ao pé da porta trancada.

Seria inútil descrever a atuação de Erich Zann naquela noite terrível. Era mais horrível do que qualquer coisa que eu já tinha ouvido, porque agora eu podia ver a expressão de seu rosto, e percebi que desta vez o motivo era medo absoluto. Ele estava tentando fazer barulho; para afastar ou abafar algo — o que eu não podia imaginar, embora eu senti que deveria ser pavoroso. A performance tornou-se fantástica, delirante e histérica, mas manteve até o fim as qualidades do gênio supremo que eu sabia que esse velho estranho possuía. Reconheci no ar — era uma dança húngara bravia popular nos teatros, e refleti por um momento que era a primeira vez que ouvira Zann tocar a obra de outro compositor.

Cada vez mais alto, cada vez mais selvagem, os gritos e gemidos daquela viola desesperada se elevavam. O tocador estava pingando com uma transpiração estranha e torcido como um macaco, sempre olhando freneticamente para a janela com cortinas. Em seus acordes frenéticos eu quase podia ver sátiros sombrios e bacantes dançando e girando insanamente através de abismos fervilhantes de nuvens, fumaça e relâmpagos. E então pensei ter ouvido uma nota mais estridente e firme que não vinha da viola; uma nota calma, deliberada, proposital e zombeteira vinda de longe, no oeste.

Nesse momento, a veneziana começou a chacoalhar com o vento noturno uivante que havia surgido lá fora como se respondesse ao louco que tocava lá dentro. A viola gritante de Zann agora se superava, emitindo sons que eu nunca pensei que uma viola pudesse produzir. A veneziana chacoalhava mais alto, abriu-se e começou a bater contra a janela. Então o vidro se quebrou com os impactos persistentes, e o vento frio entrou, fazendo as velas crepitarem e farfalharem as folhas de papel sobre a mesa onde Zann começara a escrever seu terrível segredo. Olhei para Zann e vi que ele estava além da observação consciente. Seus olhos azuis estavam esbugalhados, vidrados e cegos, e a frenética performance havia se tornado uma orgia cega, mecânica e irreconhecível que pena alguma poderia descrever.

Uma rajada repentina, mais forte que as outras, pegou o manuscrito e o carregou até a janela. Eu segui as folhas que voavam em desespero, mas elas se foram antes que eu pudesse alcançá-las através das vidraças demolidas. Então me lembrei do meu antigo desejo de olhar através daquela janela, a única janela da Rue d'Auseil de onde se podia ver a encosta além do muro e a cidade espalhada abaixo. Estava muito escuro, mas as luzes da cidade sempre estavam acesas, e eu esperava vê-las ali, em meio à chuva e ao vento. No entanto, quando olhei da mais alta de todas as janelas de empena, enquanto as velas crepitavam e a viola insana uivava com o vento noturno, não vi nenhuma cidade espalhada abaixo, e nenhuma luz amigável brilhando nas ruas lembradas, mas apenas a escuridão do espaço ilimitado; espaço inimaginável, vivo, com movimento e música, e não tendo semelhança com qualquer coisa na Terra. E enquanto eu estava ali olhando aterrorizado, o vento apagou as duas velas daquele antigo sótão pontiagudo, deixando-me numa escuridão selvagem e impenetrável, com caos e pandemônio diante de mim, e a loucura demoníaca daquela viola noturna atrás de mim.

Cambaleei para trás no escuro, sem meios de acender uma luz, batendo contra a mesa, derrubando uma cadeira e, finalmente, tateando meu caminho até o lugar onde a escuridão gritava com uma música chocante. Para salvar a mim e Erich Zann, eu poderia pelo menos tentar, quaisquer que fossem os poderes que se opunham a mim. Pensei que alguma coisa fria me tocara e gritei, mas meu grito não pôde ser ouvido acima daquela viola hedionda. De repente, da escuridão, o arco, como uma serra louca, me atingiu, e eu sabia que estava perto do tocador. Tateei à frente, alcancei o encosto da cadeira de Zann, e então encontrei seu ombro e o balancei em um esforço para trazê-lo à razão.

Ele não respondeu, e ainda assim a viola gemeu sem afrouxar. Levei a mão à sua cabeça, cujo aceno mecânico consegui deter, e gritei em seu ouvido que ambos devíamos fugir das coisas desconhecidas da noite. Mas ele não me respondeu nem diminuiu o frenesi de sua música inexprimível, enquanto por todo o sótão estranhas correntes de vento pareciam dançar na escuridão e babel. Quando minha mão tocou sua orelha, estremeci, embora não soubesse o porquê — não sabia até sentir o rosto imóvel; o rosto gelado, enrijecido, sem respiração, cujos olhos vidrados esbugalhavam-se inutilmente no vazio. E então, por algum milagre, encontrando a porta e o grande ferrolho de madeira, me lancei loucamente para longe daquela coisa de olhos vidrados no escuro e do uivo macabro daquela viola maldita cuja fúria aumentava enquanto eu fugia.

Saltando, flutuando, voando por aquelas escadas sem fim da casa escura; correndo sem pensar pela estreita, íngreme e antiga rua de degraus e casas cambaleantes; descendo os degraus e as pedras do calçamento até as ruas mais baixas e o rio pútrido com as paredes do desfiladeiro; ofegante pela grande ponte escura para as ruas e avenidas mais amplas e saudáveis que conhecemos; todas essas são impressões terríveis que permanecem comigo.

Lembro-me de que não havia vento, e que a lua estava lá fora, e que todas as luzes da cidade brilhavam.

Apesar de minhas buscas e investigações mais cuidadosas, nunca mais consegui encontrar a Rue d'Auseil. Todavia, não estou totalmente arrependido; seja por isso ou pela perda em abismos inimagináveis das folhas rigorosamente escritas que, sozinhas, poderiam explicar a música de Erich Zann.

A CHAVE DE PRATA (1926)

Quando Randolph Carter tinha trinta anos, ele perdeu a chave do portão dos sonhos. Antes dessa época, ele havia maquiado a proeza da vida em excursões noturnas a cidades estranhas e antigas, além do espaço, e belas e inacreditáveis terras ajardinadas através de mares etéreos; mas, à medida que a meia-idade se impunha sobre ele, sentiu essas liberdades se esvaindo pouco a pouco, até que, por fim, foram completamente extirpadas. Suas galés não poderiam mais navegar pelo rio Oukranos, passando pelas torres douradas de Thran, nem suas caravanas de elefantes poderiam vagar pelas selvas perfumadas de Kled, onde palácios esquecidos com colunas de veias de marfim repousam adoráveis e intactas sob a lua.

Ele havia lido muitas coisas sobre como elas são e conversado com muitas pessoas. Filósofos bem-intencionados o ensinaram a examinar as relações lógicas das coisas e analisar os processos que moldaram seus pensamentos e fantasias. A admiração havia desaparecido e ele havia esquecido que toda a vida é apenas um conjunto de imagens no cérebro, entre as quais não há diferença entre os nascidos de coisas reais e os nascidos de sonhos interiores, e não haveria nenhuma razão para valorizar uma em detrimento da outra. O costume havia incutido em seus ouvidos uma reverência supersticiosa pelo que existe tangível e fisicamente, e o fez secretamente envergonhar-se de viver em visões. Homens sábios lhe diziam que suas simples fantasias eram fúteis e infantis, e ele acreditava nisso porque via que elas poderiam ser facilmente dessa forma. O que ele não conseguia lembrar era que os feitos da realidade são tão fúteis e infantis e ainda mais absurdos, porque seus atores persistem em imaginá-los cheios de significado e propósito enquanto o Cosmos cego avança sem rumo do nada para algo e a partid desse algo de volta ao nada, sem prestar atenção nem conhecer os desejos ou a existência das mentes que piscam por um segundo de vez em quando na escuridão.

Eles o acorrentaram às coisas que existem, e então explicaram o funcionamento daquelas coisas até que o mistério tivesse partido do mundo. Quando ele reclamou e desejou escapar para os reinos do crepúsculo onde a magia moldava todos os pequenos fragmentos vívidos e associações valiosas de sua mente em visões de expectativa de tirar o fôlego e deleite insaciável, eles o voltaram para os recém-descobertos prodígios da ciência, pedindo-lhe que encontrasse admiração no vórtice do átomo e mistério nas dimensões do céu. E quando ele não conseguiu encontrar esses benefícios em coisas cujas leis são conhecidas e mensuráveis, disseram-lhe que não tinha imaginação e era imaturo porque preferia as ilusões dos sonhos às ilusões da nossa criação física.

Então Carter tentou fazer como os outros, e fingiu que os eventos e emoções comuns às mentes terrenas eram mais importantes do que as fantasias de almas raras e delicadas. Ele não discordou quando lhe disseram que a dor animal de um porco preso ou lavrador dispéptico na vida real é algo maior do que a beleza inigualável de Narath com os seus cem portões esculpidos e cúpulas de calcedônia, das quais ele se lembrava vagamente nos seus sonhos; e, sob a orientação deles, cultivou um penoso senso de piedade e tragédia.

De vez em quando, porém, ele não podia deixar de ver quão superficiais, inconstantes e sem sentido eram todas as aspirações humanas, e quão vazios nossos impulsos reais contrastavam com aqueles ideais pomposos que professamos manter. Então ele recorria ao riso educado que o ensinaram a usar contra a extravagância e a artificialidade dos sonhos; pois viu que a vida cotidiana de nosso mundo é muito extravagante e artificial em cada centímetro, e muito menos digna de respeito por causa de sua pobreza em beleza e sua tola relutância em admitir sua própria falta de razão e propósito. Dessa forma, ele se tornou uma espécie de humorista, pois não percebeu que mesmo o humor é vazio em um universo irracional desprovido de qualquer padrão verdadeiro de consistência ou inconsistência.

Nos primeiros dias de sua servidão, ele se voltou para a gentil fé eclesiástica que lhe era querida pela confiança ingênua de seus pais, pois dali se estendiam avenidas místicas que pareciam prometer fuga à vida. Só olhando mais de perto que ele notou a fantasia e a beleza famintas, a banalidade obsoleta e prosaica, a gravidade com aspecto de coruja e as reivindicações grotescas de verdades sólidas que reinavam de maneira enfadonha e esmagadora entre a maioria de seus professores; ou sentiu ao máximo a estranheza com que procurou manter vivos, como fato literal, os medos e suposições superados de uma raça primitiva confrontando o desconhecido. Cansava Carter de ver quão solenemente as pessoas tentavam tornar a realidade terrena de velhos mitos refutados a cada passo de sua alardeada ciência, e essa seriedade equivocada matou o apego que ele poderia ter mantido pelos antigos credos caso eles estivessem satisfeitos em oferecer os ritos sonoros e escapes emocionais em seus verdadeiros disfarces de fantasia etérea.

Mas quando ele veio estudar aqueles que haviam descartado os velhos mitos, ele os achou ainda mais feios do que aqueles que não o fizeram. Eles não sabiam que a beleza está na harmonia, e que a beleza da vida não tem padrão em meio a um Cosmos sem objetivo, exceto apenas sua harmonia com os sonhos e os sentimentos que vieram antes e moldaram cegamente nossas pequenas esferas do resto do caos. Eles não viram que o bem e o mal e a beleza e a feiura são apenas frutos ornamentais da perspectiva, cujo único valor está em sua ligação com o que o acaso fez nossos pais pensarem e sentirem, e cujos detalhes mais sutis são diferentes para cada raça e cultura. Em vez disso, eles negavam totalmente essas coisas ou as transferiam para os brutos e vagos instintos que compartilhavam com os animais e os camponeses; de modo que suas vidas foram arrastadas fetidamente em dor, feiura e desproporção, mas cheias de um orgulho ridículo por terem escapado de algo não mais doentio do que aquilo que ainda os detinha. Eles haviam trocado os falsos deuses do medo e da piedade cega pelos da licenciosidade e da anarquia.

Carter não experimentou profundamente essas liberdades modernas; pois a sua mesquinhez e sordidez adoeciam por si só o espírito que ama a beleza, enquanto sua razão se rebelava contra a frágil lógica com que seus campeões tentavam dourar o impulso bruto com uma sacralidade despojada dos ídolos que haviam descartado. Ele viu que a maioria deles, em comum com seu sacerdócio rejeitado, não conseguia escapar da desilusão de que a vida tem um significado à parte do que os homens sonham; e não podia deixar de lado a noção grosseira de ética e obrigações além daquelas da beleza, mesmo quando toda a natureza gritava de sua inconsciência e imoralidade impessoal à luz de suas descobertas científicas. Deformados e intolerantes com ilusões preconcebidas de justiça, liberdade e consistência, eles rejeitavam a velha tradição e os velhos costumes com as velhas crenças; nem nunca paravam para pensar que essa sabedoria e esses caminhos eram os únicos criadores de seus pensamentos e julgamentos atuais, e os únicos guias e padrões em um universo sem sentido, sem objetivos fixos ou pontos de referência estáveis. Tendo perdido esses cenários artificiais, suas vidas ficaram sem direção e interesse; até que, finalmente, se esforçaram para afogar seu tédio em alvoroço e suposta utilidade, barulho e excitação, exibição bárbara e sensação animal. Quando essas coisas empalideciam, decepcionavam ou ficavam nauseadas pela repulsa, eles cultivavam a ironia e a amargura e criticavam a ordem social. Nunca poderiam perceber que suas fundações brutas eram tão mutáveis e contraditórias quanto os deuses de seus anciões, e que a satisfação de um momento é a ruína do próximo. A beleza calma e duradoura chega apenas em sonho, e esse consolo o mundo havia jogado fora quando em sua adoração pelo real jogou fora os segredos da infância e da inocência.

Em meio a esse caos de vazio e inquietação, Carter tentou viver como convinha a um homem de pensamento aguçado e boa herança. Com seus sonhos se esvaindo sob o ridículo da época, ele não podia acreditar em nada, mas o amor pela harmonia o mantinha próximo dos caminhos de sua raça e posição. Ele caminhou impassível pelas cidades dos homens e suspirou, porque nenhuma visão parecia totalmente real; porque cada clarão de sol amarelo nos altos telhados e cada vislumbre das praças balaustradas com as primeiras lâmpadas da noite servia apenas para lembrá-lo de sonhos que ele havia conhecido, e para fazê-lo sentir saudades de terras etéreas que ele não sabia mais encontrar. Viajar era apenas uma zombaria; e mesmo a Grande Guerra o comoveu pouco, embora tenha servido desde o início na Legião Estrangeira da França. Por um tempo ele procurou amigos, mas logo se cansou da crueza de suas emoções e da mesmice e de suas visões mundanas. Sentia-se vagamente satisfeito por todos os seus parentes estarem distantes e sem contato com ele, pois não podiam compreender sua vida mental. Ou seja, ninguém além de seu avô e tio-avô, Christopher, podia, e eles há muito haviam morrido.

Então ele começou mais uma vez a escrever livros que havia abandonado quando os sonhos lhe falharam pela primeira vez. Mas aqui também não havia satisfação ou realização, pois o toque da terra estava em sua mente, e ele não conseguia pensar em coisas adoráveis como fazia antigamente. O humor irônico derrubou todos os minaretes crepusculares que ele ergueu, e o medo terreno da improbabilidade explodiu todas as flores delicadas e surpreendentes nos seus jardins de fadas. A convenção da piedade assumida derramava deboche em seus personagens, enquanto o mito de uma realidade importante, eventos e emoções humanas significativas degradavam toda a sua elaborada fantasia em alegoria velada e sátira social barata. Seus novos romances tiveram sucesso como os antigos nunca tinham tido; e porque ele sabia quão vazios deviam ser para agradar a um rebanho vazio, ele os queimou e parou de escrever. Eram romances muito graciosos, nos quais ele ria educadamente dos sonhos que levemente esboçava; mas percebeu que a sua sofisticação lhes havia extraído toda a vida.

Foi depois disso que ele cultivou a ilusão deliberada e se envolveu nas noções do bizarro e do excêntrico como antídoto para o lugar-comum. A maioria deles, no entanto, logo mostrou sua pobreza e esterilidade; e ele viu que as doutrinas populares do ocultismo são tão secas e inflexíveis quanto as da ciência, mas sem sequer o paliativo da verdade para redimi-las. A estupidez grosseira, a falsidade e o pensamento confuso não são sonhos; e não escapam da vida para uma mente treinada acima de seu nível. Assim, Carter comprou livros estranhos e procurou homens mais profundos e terríveis em erudição fantástica, mergulhando em arcanos de consciência que poucos trilharam e aprendendo coisas sobre os poços secretos da vida, lendas e antiguidades imemoriais que o perturbavam desde então. Ele decidiu viver um plano mais incomum e mobiliou sua casa em Boston para se adequar às mudanças de humor; um quarto para cada humor, em cores apropriadas, mobiliado com livros e objetos apropriados e provido com fontes das sensações apropriadas de luz, calor, som, gosto e odor.

Certa vez, ele ouviu falar de um homem no Sul que foi evitado e temido pelas blasfêmias que lia em livros pré-históricos e tabuletas de barro contrabandeadas da Índia e da Arábia. Ele o visitou, morando com ele e compartilhando seus estudos por sete anos, até que o horror os atingiu à meia-noite em um cemitério desconhecido e arcaico, e apenas um surgiu onde dois haviam entrado. Então ele voltou para Arkham, a terrível cidade velha assombrada pelas bruxas de seus antepassados na Nova Inglaterra, e teve experiências na escuridão, entre os salgueiros acinzentados e telhados vacilantes, que o fizeram selar para sempre certas páginas do diário de mentalidade selvagem ancestral. Contudo, esses horrores o levaram apenas ao limite da realidade, e não eram do verdadeiro país dos sonhos que ele conhecera na juventude; de modo que, aos cinquenta anos, ele se desesperava com qualquer descanso ou contentamento em um mundo muito ocupado para a beleza e muito astuto para o sonho.

Tendo percebido finalmente o vazio e a futilidade das coisas reais, Carter passou seus dias na aposentadoria e em memórias melancólicas e desconexas de sua juventude cheia de sonhos. Achava uma tolice se dar ao trabalho de continuar vivendo e recebeu de um conhecido sul-americano um líquido muito curioso para levá-lo ao esquecimento sem sofrimento. A inércia e a força do hábito, no entanto, o levaram a adiar a ação; e ele permaneceu indeciso entre os pensamentos dos velhos tempos, desmontar as estranhas cortinas de suas paredes e reformar a casa como era em sua infância — vidraças roxas, móveis vitorianos e tudo mais.

Com o passar do tempo, ficou quase feliz por ter se demorado, pois suas relíquias da juventude e sua separação do mundo faziam a vida e a sofisticação parecerem muito distantes e irreais; tanto que um toque de magia e expectativa voltaram ao seu sono noturno. Durante anos, esses cochilos conheceram apenas os reflexos distorcidos das coisas cotidianas como os cochilos mais comuns conhecem, mas, agora, retornara um lampejo de algo mais estranho e selvagem; algo de imanência vagamente impressionante que tomava a forma de imagens tensamente nítidas de seus dias de infância, e o fazia pensar em pequenas coisas inconsequentes que ele havia esquecido há muito tempo. Muitas vezes ele acordava chamando sua mãe e seu avô, ambos em seus túmulos há um quarto de século.

Então, numa noite, seu avô o lembrou de uma chave. O velho erudito grisalho, tão vívido como em vida, falou longa e seriamente de sua antiga linhagem e das estranhas visões dos homens delicados e sensíveis que a compunham. Ele falou do cruzado de olhos flamejantes que aprendeu segredos selvagens dos sarracenos que o mantiveram cativo; e do primeiro Sir Randolph Carter que estudou magia quando Elizabeth era rainha. Falou também daquele Edmund Carter que escapou do enforcamento por feitiçaria em Salem e que havia colocado em uma caixa antiga uma grande chave de prata herdada de seus ancestrais. Antes de Carter acordar, o gentil visitante lhe disse onde encontrar aquela caixa; aquela caixa de carvalho esculpida de maravilha arcaica cuja tampa grotesca nenhuma mão erguera há dois séculos.

Na poeira e nas sombras do grande sótão, ele a encontrou, remota e esquecida no fundo de uma gaveta em um baú alto. Tinha cerca de um 30 centímetros quadrados, e seus entalhes góticos eram tão assustadores que não era surpresa que ninguém desde que Edmund Carter tivesse ousado abri-la. Não emitiu nenhum ruído quando sacudida, porém era mística com o cheiro de especiarias esquecidas. Que continha uma chave era de fato apenas uma lenda vaga, e o pai de Randolph Carter nunca soubera que tal caixa existisse. Estava revestida de ferro enferrujado e não havia meios de fazer funcionar a formidável fechadura. Carter entendeu vagamente que encontraria dentro dela alguma chave para o portão perdido dos sonhos, mas sobre onde e como usá-la seu avô não lhe havia dito nada.

Um velho criado forçou a tampa esculpida, tremendo com os rostos hediondos que o olhavam de soslaio na madeira enegrecida, mas com alguma familiaridade indeterminada. Dentro, embrulhada em um pergaminho descolorido, havia uma enorme chave de prata embaçada, coberta de arabescos enigmáticos; mas nada havia de qualquer explicação legível. O pergaminho era volumoso e continha apenas os estranhos hieróglifos de uma língua desconhecida, escritos com uma palheta antiga. Carter reconheceu os caracteres como aqueles que vira em um certo rolo de papiro pertencente àquele terrível estudioso do Sul que desaparecera à meia-noite em um cemitério sem nome. O homem sempre estremecia ao ler este pergaminho, e Carter estremecia agora.

Mesmo assim, ele limpou a chave e a manteve consigo todas as noites dentro da caixa aromática de carvalho antigo. Enquanto isso, seus sonhos aumentavam em vivacidade e, embora não lhe mostrassem nenhuma das cidades estranhas e jardins incríveis dos velhos tempos, assumiam um elenco definido cujo propósito não podia ser confundido. Eles o chamavam de volta ao longo dos anos e, com os desejos mesclados de todos os seus pais, o puxavam para alguma fonte oculta e ancestral. Então ele soube que deveria ir para o passado e fundir-se com coisas antigas; dia após dia ele pensou nas colinas ao norte onde estava o assombrado Arkham, o impetuoso Miskatonic e a solitária propriedade rústica de seu povo.

No fogo tenebroso do outono, Carter tomou o antigo e conhecido caminho, passando por linhas graciosas de colinas ondulantes e prados com paredes de pedra, vales distantes e florestas suspensas, estradas curvas e ninhadas de pássaros domésticos e as sinuosidades de cristal do Miskatonic, atravessado aqui e ali por pontes rústicas de madeira ou pedra. Em uma curva ele viu o grupo de olmos gigantes entre os quais um ancestral havia estranhamente desaparecido um século e meio antes, e estremeceu quando o vento soprou significativamente através deles. Depois havia a casa da fazenda em ruínas da velha Goody Fowler, a bruxa, com suas pequenas janelas malignas e um grande telhado inclinado quase até o chão, no lado norte. Ele acelerou o carro ao passar por ela e não diminuiu a velocidade até ter subido a colina onde sua mãe e os pais dela haviam nascido, e onde a velha casa branca ainda parecia orgulhosa do outro lado da estrada, num lindo panorama de tirar o fôlego, com encosta rochosa e vale verdejante, com as torres distantes de Kingsport no horizonte e vestígios de um mar arcaico carregado de sonhos no fundo distante.

Então veio a encosta mais íngreme que matinha a velha casa de Carter que ele não via há mais de quarenta anos. A tarde já avançava quando ele lá chegou, e na curva a meio caminho acima ele parou para examinar atentamente o campo dourado e glorificado estendido em inundações oblíquas de magia derramada por um sol ocidental. Toda a estranheza e expectativa de seus sonhos recentes pareciam presentes nesta paisagem silenciosa e sobrenatural, e ele pensou nas solidões desconhecidas de outros planetas conforme seus olhos traçavam os gramados aveludados e desertos brilhando ondulantes entre muralhas tombadas, os aglomerados de floresta de fadas definindo linhas distantes de colinas púrpuras além das colinas, e o vale lenhoso espectral gotejando em sombras, umedecendo cavidades onde as águas murmuravam e borbulhavam entre raízes inchadas e distorcidas.

Alguma coisa o fez sentir que os motores não pertenciam ao reino que ele estava procurando; então ele deixou o carro na beira da floresta e, colocando a grande chave no bolso do casaco, subiu a colina. A floresta agora o engolfava completamente, embora ele soubesse que a casa ficava em uma colina alta que cortava as árvores, exceto ao norte. Ele se perguntou como ela pareceria, pois havia sido deixada vazia e abandonada por sua negligência desde a morte de seu estranho tio-avô Christopher, trinta anos antes. Em sua infância, ele se deleitou em longas visitas lá e encontrou maravilhas estranhas na floresta além do pomar.

As sombras se tornaram espessas ao redor dele, pois a noite estava próxima. Num momento, uma brecha nas árvores se abriu à direita, de modo que ele avistou léguas de campina crepuscular e viu o velho campanário da Congregação na Colina Central de Kingsport; rosada com o último clarão do dia, as vidraças das pequenas janelas redondas brilhavam com o fogo refletido. Então, quando ele estava novamente na sombra profunda, lembrou com um sobressalto que o vislumbre devia ter vindo de uma memória infantil isolada, já que a velha igreja branca havia sido demolida há muito tempo para dar lugar ao Hospital Congregacional. Ele havia lido sobre isso com interesse, pois o jornal falava sobre algumas tocas ou passagens estranhas encontradas na colina rochosa abaixo.

Em meio à sua perplexidade, uma voz soou, e ele reavivou a sua familiaridade depois de longos anos. O velho Benijah Corey havia sido o empregado de seu tio Christopher, e era velho mesmo naqueles tempos longínquos das suas visitas de infância. Agora, ele deveria ter bem mais de cem anos, mas aquela voz estridente não poderia vir de ninguém mais. Ele não conseguia distinguir qualquer palavra, mas o tom era assombroso e inconfundível. Em pensar que o "Velho Benijy" ainda pudesse estar vivo!

— Senhor Randy! Senhor Randy! Onde você está? Você quer matar de sua tia Marthy do coração? Ela não disse para você ficar por perto à tarde e voltar quando escurecer? Randy! Ran. . . dee! . ..

— Ele é o garoto mais rápido que já vi para fugir pela floresta; fica metade do tempo a sonhar atrás daquela toca de cobras que fica no depósito de madeira lá em cima! . . . Ei, você, Ran. . . dall!"

Randolph Carter parou na escuridão e passou as mãos nos olhos. Algo estava estranho. Ele estivera em algum lugar onde não deveria estar; tinha se desviado para muito longe, onde ele não pertencia, e agora estava indesculpavelmente atrasado. Ele não havia notado a hora no campanário de Kingsport, embora pudesse facilmente tê-lo visto com seu telescópio de bolso; mas ele sabia que seu atraso era algo muito estranho e sem precedentes. Ele não tinha certeza se estava com seu pequeno telescópio e colocou a mão no bolso da blusa para conferir. Não, não estava lá, mas havia a grande chave de prata que ele havia encontrado em uma caixa em algum lugar. Tio Chris lhe dissera uma vez algo estranho sobre uma velha caixa fechada com uma chave dentro, mas tia Martha interrompeu a história abruptamente, dizendo que não era nada para se contar a uma criança cuja cabeça já estava cheia de estranhas fantasias. Ele tentou se lembrar onde havia encontrado a chave, mas algo parecia muito confuso. Presumiu que estava no sótão de sua casa em Boston, e lembrava vagamente de subornar Parks com metade de sua mesada semanal para ajudá-lo a abrir a caixa e ficar quieto; mas quando ele lembrou disso, o rosto de Parks surgiu de forma muito estranha, como se as rugas de longos anos tivessem caído sobre o pequeno e vigoroso homem pobre.

— Ran . . . dee! Ran . . . dee! Oi! Oi! Randy!

Uma lanterna oscilante apareceu na curva escura, e o velho Benijah atacou a forma silenciosa e perplexa do peregrino.

— Maldito garoto, onde você estava? O gato comeu sua língua pr'a você não responder? Estou chamando há meia hora, e você deve ter me ouvido há muito tempo! Você não sabe que sua tia Marthy está toda inquieta por você ter saído à noite? Espere até eu dizer ao seu tio Chris quando ele começar a cantarolar! Você deve saber que esses bosques aqui não são um lugar apropriado para passear esta hora! Existem coisas lá fora que não fazem bem a ninguém, como meu grão-senhor me fez saber. Venha, senhor Randy, ou Hannah não vai guardar a ceia por mais tempo!

Então Randolph Carter foi levado pela estrada onde estrelas maravilhosas brilhavam através dos galhos altos do outono. Cachorros latiam conforme a luz amarelada das pequenas janelas de vidro brilhava na curva mais distante, e as Plêiades brilhavam através do outeiro aberto onde um grande telhado de quatro águas se erguia negro contra o oeste sombrio. Tia Martha estava na porta e não repreendeu tanto quando Benijah empurrou o vadio para dentro. Ela conhecia o tio Chris bem o suficiente para esperar tais coisas do sangue Carter.

Randolph não mostrou a chave, mas comeu o jantar em silêncio e protestou apenas quando chegou a hora de dormir. Às vezes sonhava melhor acordado e queria usar essa chave.

De manhã, Randolph acordou cedo e teria fugido para o depósito de madeira se o tio Chris não o tivesse pegado e forçado a sentar-se na cadeira ao lado da mesa do café da manhã. Ele olhou impacientemente ao redor da sala escura com o tapete esfarrapado e vigas expostas e pilares de canto, e sorriu apenas quando os galhos do pomar arranharam as vidraças de chumbo da janela traseira. As árvores e as colinas estavam perto dele e formavam os portões daquele reino atemporal que era seu verdadeiro país.

Então, quando foi liberto, procurou a chave no bolso da blusa; e, sendo tranquilizado, saltou pelo pomar até a elevação distante, onde a colina arborizada subia novamente até as alturas acima da colina sem árvores. O chão da floresta estava coberto com musgo e mistério, e grandes rochas com líquens erguiam-se vagamente aqui e ali, na penumbra, como monólitos druidas entre os troncos inchados e retorcidos de um bosque sagrado. Uma vez em sua ascensão, Randolph cruzou um riacho impetuoso cujas quedas um pouco distantes cantavam encantamentos rúnicos para os faunos, egipãs e dríades à espreita.

Então ele chegou à estranha caverna na encosta da floresta, a temida "cova das cobras" que o povo do campo evitava e sobre a qual Benijah o havia alertado repetidas vezes. Ela era profunda; muito mais profunda do que qualquer outra, exceto para Randolph, suspeitava, pois o menino havia encontrado uma fissura no canto escuro mais distante que levava a uma gruta mais alta e mais distante - um lugar sepulcral assombrado cujas paredes de granito guardavam uma curiosa ilusão de artifício consciente. Nessa ocasião, ele engatinhou, como de costume, iluminando seu caminho com fósforos roubados do cofre de fósforos da sala de estar e se esgueirando pela última fenda com uma ânsia difícil de explicar até mesmo para si mesmo. Ele não sabia dizer por que se aproximara da parede mais distante com tanta confiança, ou porque instintivamente puxava a grande chave de prata ao fazê-lo. Mas ele foi e, quando voltou dançando para casa naquela noite, não apresentou desculpas pelo atraso, nem deu atenção às repreensões que recebeu por ignorar completamente o toque do sino ao meio-dia.

Agora todos os parentes distantes de Randolph Carter concordam que algo ocorreu para aumentar sua imaginação em seu décimo ano. Seu primo, Ernest B. Aspinwall, Esq., de Chicago, é dez anos mais velho que ele; e lembra distintamente de uma mudança no menino depois do outono de 1883. Randolph havia visto cenas de fantasia que poucos jamais poderiam ter visto, e mais estranhas ainda eram algumas das qualidades que ele demonstrava em relação a coisas muito mundanas. Ele parecia, enfim, ter adquirido um estranho dom de profecia; e reagiu de maneira incomum a coisas que, embora na época não tivessem significado, mais tarde foram encontradas para justificar as impressões singulares. Nas décadas seguintes, à medida que novas invenções, novos nomes e novos eventos apareciam um a um nos livros de história, as pessoas de vez em quando se lembravam de como Carter, anos antes, deixara escapar alguma palavra descuidada de indubitável conexão com o que estava então distante no mundo futuro. Ele próprio não entendia essas palavras, nem sabia por que certas coisas o faziam sentir certas emoções; mas imaginou que algum sonho esquecido deveria ser o responsável. Foi já em 1897 que ele empalideceu quando algum viajante mencionou a cidade francesa de Belloy-en-Santerre, e amigos lembraram quando ele foi quase mortalmente ferido lá em 1916, enquanto servia com a Legião Estrangeira na Grande Guerra.

Os parentes de Carter falam muito dessas coisas porque ele desapareceu recentemente. Seu pequeno e velho criado Parks, que durante anos suportou pacientemente seus caprichos, o viu pela última vez na manhã em que partiu sozinho em seu carro com uma chave que havia encontrado recentemente. Parks o ajudara a tirar a chave da velha caixa que a continha e se sentira estranhamente afetado pelas esculturas grotescas na caixa e por alguma outra qualidade estranha que ele não conseguiu nomear. Quando Carter foi embora, ele disse que ia visitar seu antigo país ancestral ao redor de Arkham.

A meio caminho da montanha Elm, a caminho das ruínas da velha casa de Carter, encontraram seu carro cuidadosamente estacionado à beira da estrada; e dentro dela havia uma caixa de madeira perfumada com entalhes que assustou os camponeses que nela tropeçaram. A caixa continha apenas um pergaminho estranho cujos caracteres nenhum linguista ou paleógrafo conseguiu decifrar ou identificar. A chuva há muito havia apagado quaisquer pegadas possíveis, embora os investigadores de Boston tivessem algo a dizer sobre evidências de distúrbios entre as madeiras caídas da propriedade Carter. Era, eles afirmaram, como se alguém tivesse tateado as ruínas em um período não distante. Um lenço branco comum foi encontrado entre as rochas da floresta na encosta, mas não pôde ser identificado como pertencente ao homem desaparecido.

Fala-se em distribuir os bens de Randolph Carter entre seus herdeiros, mas vou me opor firmemente a isso porque não acredito que ele esteja morto. Há reviravoltas no tempo e no espaço, na visão e na realidade, que só um sonhador pode adivinhar; e, pelo que sei de Carter, acho que ele simplesmente encontrou uma maneira de atravessar esses labirintos. Se ele voltará ou não, não posso dizer. Ele queria as terras do sonho que havia perdido e ansiava pelos dias de sua infância. Então ele encontrou uma chave, e de alguma forma acredito que ele foi capaz de usá-la para uma estranha vantagem.

Perguntarei a ele quando o vir, pois espero encontrá-lo em breve em uma certa cidade dos sonhos que ambos costumávamos assombrar. Há rumores em Ulthar, além do rio Skai, que um novo rei reina no trono de opala em Ilek-Vad, aquela fabulosa cidade de torres no topo dos penhascos ocos de vidro com vista para o mar crepuscular, onde os barbudos e finos gnorri constroem seus labirintos singulares, e acredito que sei interpretar esse boato. Certamente, aguardo com impaciência a visão daquela grande chave de prata, pois em seus arabescos enigmáticos podem estar simbolizados todos os objetivos e mistérios de um Cosmos cegamente impessoal.

O FESTIVAL (1923)

"*Efficiunt Daemones, ut quae non sunt, sic tamenquasi sint, conspicienda hominibus exhibeant.*"

"*Os demônios trabalham de tal maneira que os homens percebem as coisas que não existem como se fossem reais.*"

Lactâncio

Eu estava longe de casa, e o feitiço do mar oriental estava sobre mim. No crepúsculo, ouvi-o batendo nas rochas e sabia que estava logo acima da colina, onde os salgueiros se contorciam contra o céu claro e as primeiras estrelas da noite. E, porque meus pais haviam me chamado para a distante cidade velha, continuei pela neve rasa e recém-caída ao longo da estrada que se elevava solitária até onde Aldebarã brilhava entre as árvores, na direção da cidade muito antiga que eu nunca tinha visto, mas com a qual muitas vezes sonhara.

Era o Yuletide, que os homens chamam de Natal, embora soubessem em seus corações que era mais antigo que Belém e Babilônia, mais antigo que Mênfis e a humanidade. Era o Yuletide, e eu finalmente chegava à antiga cidade marítima onde meu povo morou e celebrou o festival na Antiguidade, quando o festival era proibido; onde também haviam ordenado a seus filhos que celebrassem o festival uma vez a cada século, para que a memória dos segredos primitivos não fosse esquecida. O meu povo era antigo, antigo mesmo, desde antes desta terra ser colonizada há trezentos anos. Eram pessoas estranhas, porque tinham vindo como um povo escuro e furtivo de jardins de orquídeas opiáceas do Sul, e falavam outra língua antes de aprenderem a língua dos pescadores de olhos azuis. E agora estavam dispersas e compartilhavam apenas os rituais de mistérios que nenhum ser vivo poderia entender.

Fui o único que voltou naquela noite para a antiga vila de pescadores, como dizia a lenda, pois só os pobres e solitários se lembram.

Então, além do cume da colina, vi Kingsport estendendo-se friamente no crepúsculo; a nevada Kingsport com suas antigas pás de vento e campanários, cumeeiras e chaminés, cais e pequenas pontes, salgueiros e cemitérios; intermináveis labirintos de ruas íngremes, estreitas e tortuosas, e vertiginosos picos centrais coroados de igrejas que o tempo não ousava tocar; labirintos incessantes de casas coloniais empilhadas e espalhadas em todos os ângulos e níveis como blocos desordenados de criança; antiguidade pairando em asas cinzentas sobre empenas e telhados de quatro águas branqueados pelo inverno; claraboias e pequenas janelas de vidro, uma a uma, brilhando no frio crepúsculo para se juntar a Órion e às estrelas arcaicas. E contra os cais apodrecidos batia o mar; o mar secreto e imemorial de onde as pessoas vieram nos tempos antigos.

Ao lado da estrada, em seu cume, erguia-se um monte ainda mais alto, desolado e varrido pelo vento, e vi que era um cemitério onde lápides negras cravavam-se macabramente na neve como as unhas apodrecidas de um cadáver gigantesco. A estrada sem impressão era muito solitária, e às vezes eu pensava ter ouvido um rangido distante e horrível como o de uma forca ao vento. Quatro parentes meus haviam sido enforcados por feitiçaria em 1692, mas eu não sabia exatamente onde.

À medida que a estrada descia a encosta em direção ao mar, procurei ouvir os sons alegres de uma aldeia à noite, mas não os ouvi. Então pensei sobre o período e senti que aquele velho povo puritano poderia muito bem ter costumes natalinos estranhos para mim e cheios de orações silenciosas ao lado da lareira. Então, depois disso, não busquei mais por sons de celebrações e nem procurei viajantes, mas continuei descendo pelas silenciosas casas de fazenda iluminadas e sombrios muros de pedra até onde os sinais de lojas antigas e tabernas marítimas rangiam com a brisa salgada, e as grotescas aldravas das portas em pilar brilhavam ao longo de vielas desertas e não pavimentadas à luz de pequenas janelas acortinadas.

Eu tinha visto mapas da cidade e sabia onde encontrar a casa do meu povo. Foi dito que eu deveria ser conhecido e bem-vindo, pois a lenda da aldeia vive por muito tempo; então me apressei pela Back Street até Circle Court, e atravessei a neve fresca no único pavimento de laje da cidade até onde a Green Lane leva, atrás da casa do mercado. Os mapas antigos ainda eram bons e não tive problemas; embora em Arkham devem ter mentido quando disseram que os bondes corriam para este lugar, já que não vi um fio pendendo no alto. A neve teria escondido os trilhos de qualquer forma. Fiquei feliz por ter escolhido caminhar, pois a aldeia esbranquiçada parecia muito bonita vista da colina; e agora eu estava ansioso para bater na porta do meu povo, a sétima casa à esquerda na Green Lane, com um antigo telhado pontiagudo e um segundo andar saliente, tudo construído antes de 1650.

Havia luzes dentro da casa quando me deparei com ela, e vi pelas vidraças em forma de diamante que ela devia ter sido conservada muito próxima de seu estado original. A parte superior pendia da rua estreita coberta de grama e quase tocava a parte saliente da casa em frente, de modo que eu estava quase em um túnel, com a porta baixa de pedra totalmente livre da neve. Não havia calçada, mas muitas casas tinham portas altas alcançadas por lances duplos de degraus com grades de ferro. Era uma cena estranha, e como eu era estranho na Nova Inglaterra, nunca tinha me deparado com algo parecido antes. Embora me agradasse, teria gostado mais se houvesse pegadas na neve, pessoas nas ruas e algumas janelas sem cortinas cerradas.

Quando soei a arcaica aldrava de ferro, fiquei um pouco assustado. O medo estava se acumulando em mim, talvez por causa da estranheza de minha herança, e a desolação da noite, e a estranheza do silêncio naquela velha cidade de costumes curiosos. E quando minha batida foi atendida, eu estava com muito medo, porque eu não tinha ouvido nenhum passo antes da porta se abrir. Mas não fiquei com medo por muito tempo, pois um velho vestido de chinelo à porta tinha um rosto afável que me tranquilizou; e, embora tenha feito sinais de que era mudo, escreveu uma saudação pitoresca e antiga com o estilete em uma tabuleta de cera que carregava.

Ele me indicou uma sala baixa, iluminada por velas, com enormes vigas expostas e móveis escuros, rígidos e esparsos do século XVII. O passado era vívido ali, pois não faltava um atributo. Havia uma lareira cavernosa e uma roca de fiar na qual uma velha curvada em um invólucro solto e chapéu poke se sentava de costas para mim, girando a roca silenciosamente apesar da época festiva. Uma umidade indefinida era presente no local, e me espantei pois não havia fogo acesso. O banco de costas altas dava para a fileira de janelas com cortinas à esquerda e parecia estar ocupado, embora eu não tivesse certeza. Não gostei de tudo o que vi, e senti novamente o medo que tinha tido. Esse medo tornou-se mais forte do que antes, pois quanto mais eu olhava para o rosto sem graça do velho, mais sua própria brandura me aterrorizava. Os olhos nunca se moviam, e a pele era muito parecida com cera. Finalmente tive certeza de que não era um rosto, mas uma máscara diabolicamente astuta. Mas as mãos flácidas, curiosamente enluvadas, escreveram alegremente na tabuinha e me disseram que eu deveria esperar um pouco antes de poder ser conduzido ao local da festa.

Apontando uma cadeira, uma mesa e uma pilha de livros, o velho saiu da sala; e quando me sentei para ler, vi que os livros eram velhos e mofados, e que incluíam as maravilhas da ciência do velho Morryster, o terrível *Saducismus Triumphatus* de Joseph Glanvill, publicado em 1681, o chocante *Daemonolatreia* de Remigius, impresso em 1595 em Lyon, e o pior de todos, o inominável *Necronomicon* do louco árabe Abdul Alhazred, na tradução latina proibida de Olaus Wormius; um livro que eu nunca tinha visto, mas do qual eu tinha ouvido, em sussurros, coisas monstruosas. Ninguém falou comigo, mas eu podia ouvir o ranger de placas no vento lá fora, e o zumbido da roda que a velha de chapéu continuava girando silenciosamente, girando. Achei a sala, os livros e as pessoas muito mórbidas e inquietantes, mas como uma velha tradição de meus pais me convocava para festas estranhas, resolvi esperar coisas esquisitas. Então eu tentei ler, e logo comecei a tremer,

absorvido por algo que encontrei naquele *Necronomicon* amaldiçoado; um pensamento e uma lenda horrível demais, tanto para a sanidade quanto para a consciência. Não gostei quando imaginei ouvir o fechar de uma das janelas que dava para o banco, como se tivesse sido aberta às escondidas. O som parecia seguir um chiado que não era da roca da velha. Não era de muito admirar, contudo, pois a velha estava girando a roca muito rapidamente, e o velho relógio estava batendo. Depois disso, deixei de sentir que havia pessoas no banco, e lia atentamente; estremeci quando o velho voltou de botas e vestido em um traje antigo e folgado, e sentou-se naquele mesmo banco, de modo que eu não pudesse vê-lo. Certamente foi uma espera nervosa, e o livro de blasfêmias em minhas mãos duplicava a sensação. Quando soaram as onze horas, no entanto, o velho levantou-se, foi até um enorme baú esculpido num canto e pegou duas capas com capuz; uma das quais ele vestiu, e a outra que ele colocou em volta da velha, que havia parado sua monótona atividade. Então, ambos seguiram para a porta externa; a mulher coxeando com dificuldade, e o velho, depois de pegar o livro que eu estava lendo, acenou para onde eu deveria seguir enquanto puxava o capuz sobre aquele rosto imóvel ou máscara.

Saímos na noite escura e seguimos pelos tortuosos entrecruzamentos daquela cidade incrivelmente antiga; saímos enquanto as luzes das janelas acortinadas se apagavam uma a uma, e a estrela do Cão Maior olhava de soslaio para a multidão de figuras encapuzadas que vertiam silenciosamente de cada porta e formavam procissões monstruosas por esta e aquela rua, passando por placas rangentes e frontões antediluvianos, os telhados de sapê e as janelas com vidraças em forma de diamante; serpenteando por alamedas escarpadas onde casas decadentes se sobrepunham e desmoronavam, deslizando por pátios abertos e cemitérios onde as lanternas oscilantes formavam constelações de bêbados sobrenaturais.

Em meio a essas multidões silenciosas, segui meus guias afônicos; empurrados por cotovelos que pareciam prematuramente macios e pressionados por troncos e estômagos que pareciam anormalmente carnudos; mas nunca se via um rosto e nunca se ouvia uma palavra. Para cima, sempre para cima, sem parar, as sinistras colunas deslizavam, e vi que todos os participantes convergiam enquanto fluíam para perto de uma espécie de ponto de convergência de vielas malucas no topo de uma alta colina no centro da cidade, onde se erguia uma grande igreja branca. Eu a tinha avistado do alto da estrada quando olhei para Kingsport no crepúsculo, o que me fez estremecer, pois Aldebarã parecia se equilibrar por um momento sobre a torre fantasmagórica.

Havia um espaço aberto ao redor da igreja; em parte, um adro com poços espectrais, e em parte, uma praça meio pavimentada varrida pelo vento quase sem neve, e ladeada por casas arcaicas, insalubres, com telhados pontiagudos e frontões pendentes. O fogo da morte dançava sobre as tumbas, revelando paisagens horríveis, embora falhando estranhamente ao projetar sombras. Além do adro da igreja, onde não havia casas, eu podia ver o cume da colina e observar o brilho das estrelas no porto, embora a cidade fosse invisível no escuro. Só de vez em quando uma lanterna balançava horrivelmente pelos becos serpenteantes em seu caminho, buscando ultrapassar a multidão que agora escorria silenciosamente para dentro da igreja. Esperei até que a aglomeração se esvaísse pela porta escura e até que todos os retardatários tivessem passado. O velho puxava minha manga, mas eu estava determinado a ser o último. Então, finalmente, eu segui o homem sinistro e a velha fiadora diante de mim. Atravessando a soleira daquele templo fervilhante de escuridão desconhecida, me virei para contemplar o mundo exterior enquanto a fosforescência do adro lançava uma luminosidade doentia sobre a calçada no topo da colina. E ao fazê-lo, estremeci, pois, apesar do vento não ter deixado muita neve, nas poucas manchas que ainda permaneciam no caminho perto da porta, em um olhar fugaz para trás, parecia, aos meus olhos perturbados, não haver quaisquer pegadas, nem mesmo as minhas.

A igreja encontrava-se mal iluminada com todas as lanternas que nela haviam entrado, pois a maior parte da multidão já havia desaparecido. Eles haviam percorrido o corredor entre os bancos altos e brancos até o alçapão das abóbadas que se abria repugnantemente diante do púlpito, e agora estavam se contorcendo silenciosamente. Segui silenciosamente pelos degraus desgastados e entrei na cripta úmida e sufocante. A cauda daquela linha sinuosa de marchadores noturnos tinha aspecto horrível e, quando os vi se contorcendo em uma venerável tumba, pareciam ainda mais medonhos. Então notei que o chão da tumba tinha uma abertura pela qual a multidão entrava e, em um momento, estávamos todos descendo uma escada sinistra de pedra rústica, uma estreita escada em espiral úmida e peculiarmente fedida, que descia infinitamente pelas entranhas da colina, passando por paredes monótonas de blocos de pedra gotejantes e argamassa em ruínas. Foi uma descida silenciosa e chocante, e observei, depois de um horrível intervalo, que as paredes e os degraus estavam mudando sua natureza, como se esculpidos na rocha sólida. O que mais me incomodava era que a miríade de passos não produzia qualquer som e não ecoava. Depois de mais de uma eternidade de descida, vi algumas passagens laterais ou tocas que conduziam de recessos de escuridão desconhecidos àquele poço de mistério noturno. Logo se tornaram excessivamente numerosos, como catacumbas ímpias de ameaça sem nome; e seu odor pungente de decomposição tornou-se insuportável. Eu sabia que devíamos ter descido pela montanha e sob a terra de Kingsport, e estremeci ao pensar que uma cidade fosse tão velha e repleta de vermes de maldade subterrânea.

Então eu vi o brilho lúgubre de luz pálida e ouvi o bater insidioso de águas que não conheciam o sol. Mais uma vez estremeci, pois não gostava das coisas que a noite trouxera e desejei amargamente que nenhum antepassado tivesse me convocado para aquele rito primitivo. À medida que os degraus e a passagem se alargavam, ouvi outro som, o lamento zombeteiro de uma flauta débil; e de repente se estendeu diante de mim a vista ilimitada de um mundo interior - uma vasta praia de fungos iluminada por uma coluna de chamas doentias esverdeadas e banhada por um largo rio oleoso que fluía de abismos assustadores e insuspeitos para se juntar aos golfos mais obscuros do oceano imemorial.

Desfalecido e ofegante, olhei para aquela Érebo profana de cogumelos titânicos, fogo leproso e água viscosa, e vi a multidão encapuzada formando um semicírculo ao redor do pilar em chamas. Era o rito do Yule, mais velho que o homem e destinado a sobreviver a ele; o rito primitivo de solstício e da promessa de primavera além da neve; o rito do fogo perene, de luz e música. E na gruta estígia, eu os vi fazer o rito, e adorar o doentio pilar de fogo, e a jogar na água punhados de vegetação viscosa arrancada que possuía um brilho esverdeado no clarão clorótico. Eu vi isso, e vi algo amorfo agachado, longe da luz, tocando ruidosamente uma flauta; e enquanto a coisa tocava, pensei ter ouvido vibrações nocivas abafadas na escuridão fétida onde eu não conseguia enxergar. Mas, o que mais me assustou foi aquela coluna em chamas; jorrando como um vulcão de profundezas intensas e inconcebíveis, não lançando sombras como uma chama saudável deveria, e revestindo a pedra nitrosa acima com um verdete desagradável e venenoso. Pois em toda aquela combustão fervilhante não havia calor, mas apenas a umidade da morte e da corrupção.

O homem que me trouxe agora se contorceu para um ponto diretamente ao lado da chama hedionda, e fez movimentos cerimoniais rígidos para o semicírculo que defrontava. Em certos momentos do ritual, eles faziam reverências rastejantes, especialmente quando ele segurava acima de sua cabeça aquele abominável *Necronomicon* que havia levado consigo; e eu compartilhei todas as reverências, pois tinha sido convocado para este festival através dos escritos de meus antepassados. Então o velho fez um sinal para o flautista parcialmente visível na escuridão, que então trocou seu zumbido fraco por um pouco mais alto, em outro tom, precipitando assim um horror impensável e inesperado. Devido a tal horror, mergulhei junto a terra coberta por líquens, paralisado por um pavor não deste nem de qualquer outro mundo, conhecido apenas dos espaços loucos entre as estrelas.

Da escuridão inimaginável, além do clarão gangrenoso daquela chama fria, das léguas tártaras pelas quais aquele rio oleoso corria misteriosa, inaudível e insuspeitadamente, desabava ritmicamente uma horda de seres alados mansos, treinados e híbridos que nenhum olho são poderia jamais compreender totalmente, ou que um cérebro sadio pudesse jamais lembrar totalmente. Não eram corvos, nem toupeiras, nem urubus, nem formigas, nem morcegos vampiros, nem seres humanos em decomposição; mas algo que não posso e não devo recordar. Eles caíram frouxamente, metade com seus pés palmados e metade com suas asas membranosas; e quando chegaram à multidão de celebrantes, as figuras encapuzadas os agarraram e os montaram, e cavalgaram um a um ao longo do curso daquele rio sem luz, em poços e galerias de pânico, onde fontes envenenadas alimentam cataratas assustadoras e indetectáveis.

A velha fiadora tinha ido com a multidão, e o velho ficou só porque eu recusei quando ele me fez sinal para que pegasse uma criatura e a montasse como os demais. Eu vi quando cambaleei sobre meus pés que o flautista amorfo havia sumido de vista, mas que duas das bestas estavam esperando pacientemente. Enquanto eu me afastava, o velho pegou seu estilete e sua tabuinha e escreveu que ele era o verdadeiro representante de meus pais, que tinham fundado o culto do Yule neste lugar antigo; que fora decretado que eu devesse retornar, e que os mistérios mais secretos ainda estavam para ser realizados. Ele escreveu isso com uma caligrafia muito antiga, e quando eu ainda hesitava, ele tirou de seu manto solto um anel de selo e um relógio, ambos com as insígnias da minha família, para provar que ele era o que dizia ser. Mas foi uma prova hedionda, porque eu sabia, graças a jornais antigos, que aquele relógio havia sido enterrado com meu tataravô em 1698.

Logo o velho puxou o capuz para trás e apontou para a semelhança de família em seu rosto, mas eu apenas estremeci, porque tinha certeza de que o rosto era apenas uma máscara diabólica de cera. As criaturas vacilantes agora arranhavam inquietas os líquens, e percebi que o velho também estava quase tão inquieto quanto elas. Quando uma das coisas começou a bambolear e se afastar, ele se virou rapidamente para pará-la; de modo que a rapidez de seu movimento desalojou a máscara de cera do que deveria ter sido sua cabeça. E então, porque a posição daquele pesadelo me impediu de descer a escada de pedra pela qual tínhamos vindo, me joguei no oleoso rio subterrâneo que borbulhava em algum lugar na direção das cavernas do mar; me joguei naquele suco putrefato dos horrores internos da terra antes que a loucura de meus gritos pudesse derrubar sobre mim todas as legiões de sepulcros que esses abismos de pestes pudessem esconder.

No hospital, me disseram que eu tinha sido encontrado semicongelado ao amanhecer no porto de Kingsport, agarrado a um pedaço de mastro à deriva que o acaso enviara para me salvar. Eles me disseram que eu havia pegado a bifurcação errada da estrada da colina na noite anterior e caído dos penhascos em Orange Point; algo que deduziram das pegadas encontradas na neve. Não havia nada que eu pudesse dizer, porque tudo estava errado. Tudo estava errado, com a ampla janela mostrando um mar de telhados em que apenas um em cada cinco eram antigos, e o som de bondes e motores nas ruas abaixo. Eles insistiram que isso era Kingsport, e eu não podia negar. Quando delirei ao ouvir que o hospital ficava perto do antigo adro da igreja em Central Hill, eles me mandaram para o Hospital St. Mary em Arkham, onde eu poderia ser mais bem cuidado. Gostei de lá, pois os médicos eram de mente aberta e até usaram de sua influência para que eu obtivesse uma cópia cuidadosamente protegida do censurável *Necronomicon* de Alhazred da biblioteca da Universidade Miskatonic. Eles falaram algo sobre uma "psicose" e concordaram que seria melhor que eu tirasse qualquer obsessão perturbadora de minha mente.

Então eu li novamente aquele capítulo hediondo e estremeci duplamente, porque realmente não era novo para mim. Eu já tinha visto aquilo antes; deixe que as pegadas contarem o que puderem; e onde estive e o que tinha visto, era melhor esquecer. Não havia ninguém — nas horas de vigília — que pudesse me lembrar daquilo; mas meus sonhos estão cheios de terror por causa de frases que não ouso citar. Atrevo-me a citar apenas um parágrafo, escrito no inglês possível a partir do meu desajeitado e rudimentar latim.

"As cavernas mais baixas", escreveu o árabe louco, "não são para sondar os olhos que veem; pois suas maravilhas são estranhas e terríveis. Amaldiçoado o solo onde os pensamentos mortos vivem novos e estranhamente encorpados, e maldita a mente que não é mantida por qualquer cabeça."

Sabiamente, disse Ibn Schacabao que feliz é o túmulo onde nenhum feiticeiro jaz, e feliz a cidade cujos feiticeiros são todos cinzas à noite. Pois existe um velho rumor que as almas compradas pelo diabo fogem não de sua argila carnal, mas engordam e ordenam o próprio verme que as roam; até que da podridão brote a vida repugnante e os tolos catadores de cera da terra a perturbem com astúcia e a inchem monstruosamente para empestar. Grandes buracos são cavados secretamente onde os poros da terra deveriam bastar, e as coisas rastejantes agora aprenderam a andar.

HIPNOS (1922)

"A propósito do sono, essa sinistra aventura de todas as nossas noites, podemos dizer que os homens vão diariamente para a cama com uma audácia que seria incompreensível caso não soubéssemos que é o resultado da ignorância do perigo."
Baudelaire

Que os deuses misericordiosos, se é que existem, guardem aquelas horas em que nenhuma força da vontade ou droga que a astúcia do homem inventa, pode me afastar do abismo do sono. A morte é misericordiosa, pois não há retorno dela, mas para aquele que voltou das câmaras mais profundas da noite, abatido e sapiente, a paz nunca mais repousa. Tolo que eu fui ao mergulhar com tal frenesi nos mistérios que nenhum homem deveria penetrar; tolo ou deus que ele foi, meu único amigo, que me conduziu e foi antes de mim, e que no final passou por terrores que ainda podem ser meus.

Encontramo-nos, lembro-me, em uma estação ferroviária, onde ele era o centro de uma multidão grosseira de curiosos. Ele estava inconsciente, tinha caído em uma espécie de convulsão que dava ao seu corpo esguio e vestido de preto, uma estranha rigidez. Acho que ele estava se aproximando dos quarenta anos de idade, pois havia linhas profundas no rosto, pálido e encovado, mas oval e realmente bonito; toques grisalhos no cabelo grosso e ondulado e na barba pequena e cheia que antes fora do mais profundo negro. Sua testa era branca como o mármore de Pentélico e de altura e largura quase divinas. Disse a mim mesmo, com todo o ardor de um escultor, que aquele homem era uma estátua de fauno da antiga Hélade, escavada nas ruínas de um templo e trazida de alguma forma à vida em nossa idade sufocante apenas para sentir o frio e a pressão de anos devastadores. E quando ele abriu seus olhos negros imensos, encovados e incrivelmente luminosos, eu sabia que ele seria meu único amigo, o único amigo de alguém que nunca tivera um amigo antes, pois vi que tais olhos deviam ter contemplado plenamente a grandeza e o terror de reinos além da consciência e realidade normais; reinos que eu acalentara na imaginação, mas em vão procurara. Então, enquanto eu afastava a multidão, disse a ele que deveria voltar para casa comigo e ser meu professor e líder em mistérios insondáveis; ele concordou sem dizer uma palavra. Depois, descobri que sua voz era música — a música das violas profundas e das esferas cristalinas. Conversávamos à noite e durante o dia com frequência, enquanto eu esculpia bustos dele e miniaturas de cabeças em marfim para imortalizar suas diferentes expressões.

De nossos estudos é impossível falar, pois eles mantinham uma conexão muito leve com qualquer coisa do mundo como os homens viventes concebem. Eram mais vastos e de um universo mais atraente, vindos de uma entidade e consciência obscura que se encontra mais profunda do que a matéria, o tempo e o espaço, cuja existência suspeitamos apenas em certas formas de sono — aqueles raros sonhos além dos sonhos que nunca vêm aos homens comuns, talvez uma ou duas vezes na vida de homens imaginativos. O Cosmos de nosso conhecimento desperto, nascido de tal universo como uma bolha nasce do cachimbo de um bufão, o toca apenas como uma bolha pode tocar sua fonte sardônica quando sugada de volta pelo capricho do bufão. Homens eruditos suspeitam pouco dela e praticamente a ignoram. Os sábios interpretam sonhos e os deuses riem. Um homem com olhos orientais disse que todo o tempo e espaço são relativos, e os homens riem. Mas mesmo aquele homem de olhos orientais não fez mais do que suspeitar. Eu desejara e tentara fazer mais do que suspeitar, e meu amigo tentara e conseguira em parte. Então nós dois tentamos juntos e, com drogas exóticas, cortejamos sonhos terríveis e proibidos no estúdio da torre da velha mansão em Kent.

Entre as agonias destes dias posteriores está aquele que é o principal dos tormentos — a impossibilidade de me exprimir. O que aprendi e vi naquelas horas de exploração ímpia nunca poderá ser relatado — por falta de símbolos ou sugestões em qualquer idioma. Digo isso porque, do início ao fim, nossas descobertas compartilharam apenas a natureza das sensações; sensações correlacionadas com impressões que o sistema nervoso humano normal é incapaz de perceber. Eram sensações, mas nelas havia elementos inacreditáveis de tempo e espaço — coisas que, no fundo, não possuem existência distinta e definida. A expressão humana pode exprimir melhor o caráter geral de nossas experiências, chamadas de mergulhos ou ascensões; pois em cada momento de revelação, alguma parte de nossas mentes se desprendia corajosamente de tudo o que é real e presente, precipitando-se no ar ao longo de abismos chocantes, obscuros e assombrados pelo medo, ocasionalmente rasgando certos obstáculos bem marcados e típicos, descritos apenas como nuvens ou vapores viscosos e grosseiros. Nesses voos negros e sem corpo, estávamos às vezes sozinhos e às vezes, juntos. Quando estávamos juntos, meu amigo estava sempre muito à frente. Eu podia perceber sua presença, apesar da ausência de forma, por meio de uma espécie de memória pictórica pela qual seu rosto aparecia para mim, dourado de uma luz estranha e assustador em sua beleza estranha, suas bochechas anormalmente jovens, seus olhos ardentes, sua testa olímpica, cabelos sombreados e barba crescida.

Do passar do tempo não mantínhamos qualquer registro, pois o tempo se tornava para nós uma mera ilusão. Sei apenas que deve ter havido algo muito singular envolvido, pois chegamos a nos maravilhar, já que não envelhecíamos. Nosso discurso era profano e sempre terrivelmente ambicioso — nenhum deus ou demônio poderia aspirar a descobertas e conquistas como aquelas que planejávamos em sussurros. Estremeço ao falar delas e não ouso ser explícito, embora eu deva dizer que, certa vez, meu amigo escreveu num papel um desejo que ele não ousou proferir e que me fez queimar e olhar pela janela, assustado, o céu noturno salpicado de estrelas. Vou insinuar — apenas insinuar — que ele tinha projetos que envolviam o domínio do universo visível e muito mais; desígnios pelos quais a Terra e as estrelas se moveriam ao seu comando, e os destinos de todas as coisas vivas seriam dele. Afirmo — juro — que não participei dessas aspirações extremadas. Qualquer coisa que meu amigo possa ter dito ou escrito em contrário deve ser errôneo, pois não sou nenhum homem de força para arriscar a guerra inominável em esferas inomináveis pelas quais somente um possa alcançar o sucesso.

Houve uma noite em que ventos de lugares desconhecidos nos levaram irresistivelmente para um vácuo sem limites além de todo pensamento e entidade. Percepções das mais enlouquecedoras e intransmissíveis se aglomeraram sobre nós; percepções do infinito que na época nos convulsionavam de alegria, mas que agora estão parcialmente perdidas em minha memória e parcialmente incapazes de serem apresentadas aos outros. Obstáculos viscosos foram atravessados em rápida sucessão e, por fim, senti que tínhamos sido transportados para reinos mais distantes do que qualquer outro que conhecêramos anteriormente. Meu amigo estava vastamente adiantado quando mergulhávamos nesse oceano impressionante de éter virgem onde eu podia ver a exultação sinistra em seu rosto flutuante, luminoso e jovem demais. De repente, aquele rosto escureceu e desapareceu rapidamente e, em um breve espaço, eu me vi projetado contra um obstáculo que não conseguia penetrar. Era como os demais, mas incalculavelmente mais denso; uma massa grudenta e pegajosa, se é que tais termos possam ser aplicados, de forma análoga, em uma esfera não material.

Senti que havia sido detido por uma barreira que meu amigo e líder havia ultrapassado com sucesso. Lutando de novo, cheguei ao fim do sonho com as drogas e abri meus olhos físicos para o estúdio da torre em cujo canto oposto estava reclinada a forma pálida e ainda inconsciente de meu companheiro de sonho, estranhamente abatido e selvagemente belo, conforme a lua vertia em luz num dourado esverdeado sobre seu aspecto de mármore. Então, após um breve intervalo, a forma no canto se agitou; e que — pelo amor de Deus! — eu nunca mais veja nem ouça algo como isso que eu acabei de testemunhar. Não posso dizer como ele gritou ou quais visões de infernos invisíveis brilharam por um segundo nos olhos negros enlouquecidos de medo. Só posso dizer que desmaiei e não me mexi até que ele próprio se recuperou e me sacudiu em seu frenesi para que alguém afastasse o horror e a desolação.

Esse foi o fim de nossas buscas voluntárias nas cavernas do sonho. Impressionado, abalado e solene, meu amigo, que havia estado além da barreira, me alertou que nunca deveríamos nos aventurar naqueles reinos novamente. O que ele tinha visto, não ousou me contar; mas disse que, na sua experiência, devíamos dormir o menos possível, mesmo que drogas fossem necessárias para nos manter acordados. Ele estava certo, logo aprendi graças ao medo inexprimível que me engolfava sempre que a consciência falhava. Após cada sono curto e inevitável, eu parecia mais velho, enquanto meu amigo envelhecia com uma rapidez quase chocante. É horrível ver as rugas se formarem e os cabelos embranquecerem praticamente diante dos olhos. Nosso modo de vida estava agora totalmente alterado. Até então uma pessoa reclusa, até onde sei — seu verdadeiro nome e origem nunca passaram pelos seus lábios — meu amigo agora se tornara frenético em seu medo à solidão. À noite, ele não ficava sozinho, nem a companhia de alguém o acalmava. Seu único alívio foi obtido em folias dos mais variados tipos e turbulências; de modo que poucas reuniões de jovens e gays nos eram desconhecidas. Nossa aparência e idade pareciam provocar, na maioria dos casos, uma zombaria que me ressentia profundamente, mas que meu amigo considerava um mal menor que a solidão. Ele tinha medo de ficar sozinho, especialmente ao ar livre sozinho, quando as estrelas brilhavam; e, caso estivesse forçado a essa condição, muitas vezes olhava furtivamente para o céu como se estivesse sendo caçado por alguma coisa monstruosa em seu interior. Ele nem sempre olhava para o mesmo lugar no céu — parecia ser um lugar diferente em momentos diferentes. Nas noites de primavera, seria abaixo, ao nordeste. No verão, seria quase acima da cabeça. No outono, seria a noroeste. No inverno, seria a leste, mas principalmente nas primeiras horas da manhã. As noites de inverno pareciam menos terríveis para ele. Só depois de dois anos que liguei esse medo a algo em particular; comecei a perceber que ele devia estar olhando para um ponto específico na abóbada celeste cuja posição em diferentes momentos correspondia à direção de seu olhar — um ponto aproximadamente marcado pela constelação Corona Borealis.

Agora tínhamos um estúdio em Londres, nunca nos separávamos, porém nunca discutíamos os dias em que buscamos sondar os mistérios do mundo irreal. Estávamos envelhecidos e fracos por causa de nossas drogas, dissipações e excesso de tensão nervosa, e o cabelo e a barba ralos de meu amigo ficaram brancos como neve. Nossa liberdade de um longo sono foi surpreendente, pois raramente sucumbimos mais de uma ou duas horas de cada vez à sombra que agora se tornara uma ameaça tão assustadora. Então veio um janeiro de neblina e chuva, quando o dinheiro acabou e as drogas eram difíceis de comprar. Minhas estátuas e cabeças de marfim foram todas vendidas e eu não tinha meios de comprar novos materiais ou energia para moldá-las, mesmo que os possuísse. Sofremos terrivelmente e, certa noite, meu amigo caiu em um sono profundo do qual não consegui despertá-lo. Eu posso me lembrar da cena agora — o sótão-estúdio, escuro como breu, sob o beiral com a chuva forte; o tique-taque do relógio solitário; o tique-taque imaginado de nossos relógios enquanto jaziam sobre a penteadeira; o ranger de alguma persiana pendente em uma parte remota da casa; certos ruídos distantes da cidade abafados pelo nevoeiro e pelo espaço e, o pior de tudo, a respiração profunda, constante e sinistra de meu amigo sobre o sofá — uma respiração rítmica que parecia medir momentos de medo e agonia sobrenaturais para seu espírito enquanto vagava em esferas proibidas, inimagináveis e terrivelmente remotas.

A tensão da minha vigília tornou-se opressiva e uma série selvagem de impressões e associações triviais invadiu minha mente praticamente desequilibrada. Eu ouvi um relógio badalar em algum lugar — não o nosso, pois não era um relógio que batia — e minha mórbida imaginação encontrou nele um novo ponto de partida para peregrinações ociosas. Relógios — tempo — espaço — infinito — e então minha imaginação voltava ao local enquanto refletia que mesmo agora, além do telhado, da neblina, da chuva e da atmosfera, a Corona Borealis subia a nordeste. A mesma Corona Borealis, que meu amigo parecia temer e cujo semicírculo cintilante de estrelas deve estar brilhando agora mesmo, invisível, através dos abismos imensuráveis do éter. De repente, meus ouvidos febrilmente sensíveis pareceram detectar um componente novo e totalmente distinto na mistura suave de sons amplificados por drogas — um gemido baixo e terrivelmente insistente vindo de muito longe, do nordeste; zumbindo, clamando, zombando, chamando.

Mas não foi esse lamento distante que roubou minhas faculdades e colocou em minha alma um selo de medo que nunca poderá ser removido na vida; não foi o que provocou os gritos e excitou as convulsões que levaram os inquilinos e a polícia a arrombar a porta. Não foi o que ouvi, mas o que vi; pois naquela sala escura, trancada, fechada e com cortinas, surgiu do negro canto nordeste um raio de luz vermelho-dourado horrível — um raio que não trazia consigo qualquer brilho para dispersar à escuridão, mas que fluía apenas sobre a cabeça reclinada do dorminhoco perturbado, trazendo à tona, em hedionda duplicação, o rosto-memória luminoso e estranhamente jovem como eu o conhecera em sonhos de espaço abismal e tempo livre, quando meu amigo havia empurrado para trás a barreira que levava a essas cavernas de pesadelo secretas, mais íntimas e proibidas.

E enquanto eu olhava, vi a cabeça se erguer, os olhos negros, líquidos e profundos, se abrirem em terror e os lábios finos e sombrios se abrirem como se fossem proferir um grito assustador demais. Havia naquele rosto medonho e flexível, que brilhava incorpóreo, luminoso e rejuvenescido na escuridão, mais de medo austero, fervilhante e destruidor de cérebros do que todo o descanso do céu e da terra já havia me revelado. Nenhuma palavra foi dita em meio ao som distante que se aproximava cada vez mais, mas enquanto eu seguia o olhar louco do rosto-memória ao longo daquele raio de luz amaldiçoado até sua fonte — a fonte de onde também vinha o gemido —, eu também vi por um instante o que ele via e caí com os ouvidos zumbindo num acesso de gritos e epilepsia que trouxe os inquilinos e a polícia. Nunca pude dizer, por mais que tentasse, o que realmente vi; nem o rosto imóvel poderia dizer, pois embora devesse ter visto mais do que eu, nunca mais falará. Mas sempre me protegerei contra o zombeteiro e insaciável Hypnos, senhor do sono, contra o céu noturno e contra as loucas ambições do conhecimento e da filosofia.

Exatamente o que aconteceu é desconhecido, pois não apenas minha própria mente foi derrubada pela coisa estranha e hedionda, mas outras foram maculadas por um esquecimento que não pode significar nada além de loucura. Disseram, não sei por que razão, que nunca tive um amigo, mas que a arte, a filosofia e a insanidade haviam preenchido toda a minha trágica vida. Os inquilinos e a polícia naquela noite me acalmaram e o médico administrou algo para me aquietar; ninguém viu que um pesadelo tinha ocorrido. Meu amigo ferido não os comoveu, mas o que eles encontraram no sofá do estúdio os fez me elogiar, o que me enojou, e agora me trazer a fama, que rejeito em desespero, enquanto fico sentado por horas, careca, de barba grisalha, murcho, paralisado, enlouquecido por drogas e quebrado, adorando e rezando para o objeto que encontraram.

Pois eles negam que eu tenha vendido a minha última estatuária e apontam, com êxtase, para a coisa que o raio de luz brilhante esfriou, petrificou e silenciou. É tudo o que resta do meu amigo; o amigo que me guiou na loucura e ruína; uma cabeça divina de mármore que só a velha Hélade poderia produzir, jovem com a juventude que está fora do tempo e com um belo rosto barbudo, lábios curvados e sorridentes, sobrancelha olímpica e densas madeixas ondulantes e coroadas de papoula. Dizem que aquele rosto-memória assombroso foi modelado a partir do meu, como era aos 25 anos, mas na base de mármore está esculpido um único nome nas letras da Ática — ὝΠΝΟΣ (Hipnos).

AZATHOTH (1922)

Quando a idade caiu sobre o mundo e o encantamento deixou a mente dos homens; quando cidades cinzentas ergueram aos céus esfumaçados, altas sombrias e feias torres, em cuja sombra ninguém poderia sonhar com o sol ou com os prados floridos da primavera; quando a terra despojou a terra de seu manto de beleza, e os poetas não cantavam mais a não ser aos fantasmas retorcidos vistos com olhos turvos e voltados para dentro; quando essas coisas haviam acontecido e as esperanças infantis se foram para sempre, houve um homem que viajou para fora da vida em busca dos espaços para onde os sonhos do mundo haviam fugido.

Sobre o nome e morada deste homem, pouco está escrito, pois eram apenas do mundo desperto; no entanto, diz-se que ambas as informações eram obscuras. Basta saber que ele morava em uma cidade de muros altos onde reinava o crepúsculo estéril e que trabalhava o dia todo entre sombras e turbulências, voltando à noite para casa, num quarto cuja única janela abria não para os campos e bosques, mas para um pátio escuro onde outras janelas fitavam-se em desespero maçante. Daquele parapeito só se viam paredes e janelas, exceto às vezes quando alguém se debruçava para fora e espiava lá no alto as pequenas estrelas que passavam. E porque meras paredes e janelas logo enlouquecem um homem que sonha e lê muito, o morador daquele quarto costumava, noite após noite, debruçar-se e espiar no alto para vislumbrar algum fragmento de coisas além do mundo desperto e do cinza das cidades verticais. Depois de anos, ele começou a chamar pelo nome as estrelas que navegavam lentamente e a segui-las na imaginação enquanto deslizavam lamentavelmente para além da vista; até que, finalmente, sua visão se abriu para muitas visões secretas cuja existência nenhum olho comum pode suspeitar. Numa noite, um imenso abismo foi transposto e os céus assombrados por sonhos se encheram até a janela do observador solitário para se fundir com o ar fechado de seu quarto e torná-lo parte de sua fabulosa maravilha.

Chegaram àquela sala córregos selvagens da meia-noite violeta, brilhando com pó de ouro; vórtices de poeira e fogo rodopiando para fora dos espaços supremos e carregados de perfumes do além-mundo. Oceanos de opiáceos ali derramados, iluminados por sóis que os olhos jamais poderão contemplar e tendo em seus redemoinhos estranhos golfinhos e ninfas marinhas de profundezas imemoriáveis. O infinito silencioso girou em torno do sonhador e o empurrou para longe sem sequer tocar o corpo que se inclinava rigidamente na janela solitária; e por dias não contados nos calendários dos homens, as marés das esferas distantes o trouxeram suavemente para juntar-se aos sonhos pelos quais ansiava; os sonhos que os homens perderam. E no decorrer de muitos ciclos, eles o deixaram ternamente dormindo em uma praia verdejante do nascer do sol; uma orla verdejante, perfumada por flores de lótus, e estrelada por camalotes vermelhos.

O CÃO DE CAÇA (1922)

Em meus ouvidos torturados, soa incessantemente um pesadelo a zumbir e vibrar, e um uivo distante e fraco, como o de um cão gigantesco. Não é sonho — não é, temo que nem mesmo loucura — pois muito já aconteceu para me dar essas dúvidas misericordiosas. St. John é um cadáver mutilado; só eu sei o porquê e tal é o meu conhecimento que estou prestes a estourar meus miolos com medo de ser mutilado da mesma maneira. Por corredores sem luz e ilimitados de fantasia sobrenatural, varre o negro e disforme Nêmesis, que me guia à autoaniquilação.

Que o céu perdoe a loucura e a morbidez que nos levaram a um destino tão monstruoso! Cansados dos lugares-comuns de um mundo prosaico, onde até mesmo as alegrias do romance e da aventura logo se tornam obsoletas, St. John e eu seguimos com entusiasmo cada movimento estético e intelectual que prometia uma pausa ao nosso tédio devastador. Os enigmas dos simbolistas e os êxtases dos pré-rafaelitas foram todos nossos em seu tempo, mas cada novo humor foi drenado cedo demais de sua novidade e apelo divertidos. Só a filosofia sombria dos decadentes poderia nos segurar e isso descobrimos somente ao intensificar gradualmente a profundidade e o diabolismo de nossas penetrações. Baudelaire e Huysmans logo perderam a emoção, até que finalmente nos restaram apenas os estímulos mais diretos de experiências e aventuras pessoais não naturais. Foi essa terrível necessidade emocional que acabou nos levando a esse curso detestável que, mesmo em meu temor atual, menciono com vergonha e timidez — esse terrível extremo da indignação humana, a abominável prática de roubar túmulos.

Não posso revelar os detalhes de nossas expedições chocantes, nem catalogar sequer parcialmente o pior dos troféus que adornam o museu sem nome que preparamos na grande casa de pedra onde morávamos juntos, sozinhos e sem servos. Nosso museu era um lugar blasfemo, inimaginável, onde, com o gosto satânico de virtuoses neuróticas, havíamos montado um universo de terror e decadência para excitar nossa sensibilidade esgotada. Era uma sala secreta, num subterrâneo muito remoto, onde enormes demônios alados esculpidos em basalto e ônix vomitavam de bocas largas e sorridentes uma estranha luz verde e laranja; tubos pneumáticos escondidos agitavam-se em danças caleidoscópicas de morte, com fileiras de trapos vermelhos funestos emaranhados tecendo volumosas cortinas pretas. Por esses tubos emanavam à vontade os odores que nossos humores mais ansiavam; às vezes, o perfume de pálidos lírios de cemitério, às vezes, o incenso narcótico de santuários orientais imaginários de mortos reais, e às vezes — como estremeço ao lembrar disso! — os fedores assustadores e angustiantes de uma sepultura descoberta.

Ao redor das paredes dessa câmara repulsiva havia caixas de múmias antigas alternadas com corpos graciosos e realistas perfeitamente recheados e curados pela arte do taxidermista com lápides arrancadas dos cemitérios mais antigos do mundo. Nichos aqui e ali continham crânios de todas as formas e cabeças preservadas em vários estágios de dissolução. Lá se podem encontrar as cabeças calvas e apodrecidas de nobres famosos e as cabeças frescas e radiantes de ouro de crianças recém-sepultadas. Havia estátuas e pinturas, todas de temas diabólicos, algumas executadas por St. John e por mim. Uma pasta trancada, encadernada com pele humana bronzeada, continha certos desenhos desconhecidos e inomináveis que, segundo rumores, Goya havia perpetrado, mas não ousava reconhecer. Havia instrumentos musicais nauseantes, de cordas, metais e sopros de madeira, nos quais St. John e eu às vezes produzíamos dissonâncias de requintada morbidez e horror em cacofonia demoníaca, enquanto em uma infinidade de armários de ébano marchetados repousava a mais incrível e inimaginável variedade de pilhagem de túmulos já montada pela loucura e perversidade humana. É desse saque em particular que não devo falar — graças a Deus tive a coragem de destruí-lo muito antes de pensar em me destruir.

As excursões predatórias em que recolhemos nossos tesouros inomináveis sempre foram eventos artisticamente memoráveis. Não éramos espíritos macabros vulgares, pois trabalhávamos apenas sob certas condições de disposição, paisagem, ambiente, clima, estação e luar. Esses passatempos eram para nós a forma mais requintada de expressão estética e dávamos a seus detalhes um cuidado técnico meticuloso. Uma hora imprópria, um efeito de iluminação chocante ou uma manipulação desajeitada da grama úmida, destruiriam quase totalmente para nós aquela excitação extática que se seguia à exumação de algum sinistro e risonho segredo da terra. Nossa busca por cenas novas e condições picantes era febril e insaciável — St. John era sempre o líder, e foi ele quem finalmente abriu o caminho para aquela zombaria, aquele lugar amaldiçoado que nos trouxe essa terrível e inevitável desgraça.

Por qual fatalidade maligna fomos atraídos para aquele terrível adro na Holanda? Acho que foram os boatos sombrios e lendas, as histórias de alguém enterrado por cinco séculos, que havia sido um vampiro em seu tempo e havia roubado um objeto potente de um poderoso sepulcro. Posso me lembrar da cena nesses momentos finais — a pálida lua outonal sobre as sepulturas, projetando longas sombras horríveis; as árvores grotescas, curvando-se taciturnamente ao encontro da grama negligenciada e das lajes em ruínas; as vastas legiões de morcegos estranhamente colossais que voavam contra a lua; a antiga igreja coberta de heras apontando um enorme dedo espectral para o céu lívido; os insetos fosforescentes que dançavam como fogos de morte sob os teixos em um canto distante; os odores de mofo, vegetação e coisas menos explicáveis que se misturavam debilmente com o vento noturno vindo de pântanos e mares distantes; e o pior de tudo, o uivo fraco e profundo de algum cão gigantesco que não podíamos ver nem localizar com precisão. Ao ouvirmos essa sugestão em uivos, estremecíamos, lembrando as histórias do campesinato; pois aquele a quem procurávamos tinha sido encontrado séculos antes neste mesmo local, dilacerado e mutilado pelas garras e dentes de alguma besta indescritível.

Lembrei-me de como mergulhamos no túmulo desse vampiro com nossas pás, e como nos emocionamos com a imagem de nós mesmos, o túmulo, a lua pálida nos assistindo, as sombras horríveis, as árvores grotescas, os morcegos titânicos, a igreja antiga, os fogos de morte dançante, os odores nauseantes, o suave gemido do vento noturno e os estranhos uivos, quase que imperceptíveis e sem direção exata, cuja existência objetiva mal podíamos assegurar. Em seguida, atingimos uma substância mais dura do que o bolor úmido e vimos uma caixa oblonga apodrecida incrustada de depósitos minerais de um solo há muito intocado. Era incrivelmente dura e espessa, mas tão velha que, quando finalmente a abrimos, arregalamos nossos olhos com o que continha.

Muito — surpreendentemente muito — fora deixado do objeto apesar do lapso de quinhentos anos. O esqueleto, embora esmagado em alguns lugares pelas mandíbulas da coisa que o havia matado, manteve-se unido com surpreendente firmeza, e nós nos regozijamos com o crânio branco e limpo e seus dentes longos e firmes e suas órbitas sem olhos que uma vez brilharam com uma febre de sepulcro como a nossa. No caixão pairava um amuleto de desenho curioso e exótico, que aparentemente tinha sido usado em volta do pescoço do adormecido. Era a figura estranhamente convencional de um cão alado agachado ou esfinge com um rosto semicanino, primorosamente esculpido à antiga moda oriental em um pequeno pedaço de jade verde. A expressão em suas feições era repulsiva ao extremo, saboreando ao mesmo tempo a morte, a bestialidade e a malevolência. Ao redor da base havia uma inscrição em caracteres que nem St. John nem eu conseguimos identificar; e no fundo, como o selo de um fabricante, estava gravado um crânio grotesco e formidável.

Imediatamente ao contemplar este amuleto, sabíamos que devíamos possuí-lo; que este tesouro sozinho era nossa fortuna lógica da sepultura centenária. Mesmo que seus contornos fossem desconhecidos, nós teríamos o desejado, porém quando olhamos mais de perto, vimos que não era totalmente estranho. De fato, era estranho a toda arte e literatura que os leitores sãos e equilibrados conhecem, mas reconhecemos isso como a coisa sugerida no *Necronomicon* proibido do louco árabe Abdul Alhazred; o fantasmagórico símbolo da alma do culto comedor de cadáveres da inacessível Leng, na Ásia Central. Com muito cuidado traçamos os contornos sinistros descritos pelo velho demonologista árabe; contornos, escreveu ele, extraídos de alguma manifestação sobrenatural obscura das almas daqueles que atormentavam e mordiam os mortos.

Agarrando o objeto de jade verde, demos uma última olhada na face branqueada com olhos cavernosos e fechamos a cova como havíamos encontrado. Enquanto nos precipitávamos para fora daquele local abominável, o amuleto roubado no bolso de St John, pensamos ter visto os morcegos descerem em corpo até a terra que havíamos saqueado recentemente, como se procurassem algum alimento amaldiçoado e profano. Mas a lua de outono brilhava fraca e pálida e não pudemos ter certeza. Assim, da mesma forma, enquanto partíamos no dia seguinte navegando da Holanda para nossa casa, pensamos ter ouvido o uivo distante de algum cão gigantesco ao longe. Todavia, o vento de outono gemia triste e pálido, e não podíamos ter certeza.

II.

Menos de uma semana após nosso retorno à Inglaterra, coisas estranhas começaram a acontecer. Vivíamos como reclusos; desprovidos de amigos, sozinhos e sem criados, em alguns cômodos de uma antiga casa senhorial em uma charneca deserta e pouco frequentada; de modo que nossas portas raramente eram perturbadas pela batida de visitantes. Agora, no entanto, estávamos preocupados com o que parecia ser um tumulto frequente à noite, não apenas em torno das portas, mas também em torno das janelas, tanto superiores quanto inferiores. Uma vez imaginamos que um corpo grande e opaco escurecera a janela da biblioteca quando a lua brilhava contra ela, e outra vez pensamos ter ouvido uma vibração ou um som de asas não muito longe. Em cada ocasião, a investigação não revelara coisa alguma e começamos a atribuir as ocorrências apenas à imaginação — aquela mesma imaginação curiosamente perturbada que ainda prolongava em nossos ouvidos o fraco uivo distante que pensávamos ter ouvido no cemitério na Holanda. O amuleto de jade agora repousava num nicho em nosso museu e às vezes acendíamos velas de cheiro estranho diante dele. Lemos muito no *Necronomicon* de Alhazred sobre suas propriedades e sobre a relação das almas dos espíritos devoradores de cadáveres com os objetos que ele simbolizava; e ficamos perturbados com o que lemos. Então veio o terror.

Na noite de 24 de setembro de 19––, ouvi uma batida na porta do meu quarto. Imaginando ser St. John's, mandei-o entrar, mas fui respondido apenas por uma risada estridente. Ninguém estava no corredor. Quando despertei St. John de seu sono, ele confessou total ignorância sobre o evento e ficou tão preocupado quanto eu. Foi naquela noite que o fraco e distante uivo sobre a charneca se tornou para nós uma certa e temida realidade. Quatro dias depois, enquanto estávamos os dois no museu escondido, ouvimos um arranhão baixo e cauteloso na única porta que dava para a escadaria secreta da biblioteca. Nosso temor estava agora dividido, pois além do medo do desconhecido, sempre nutrimos o temor de que nossa terrível coleção pudesse ser descoberta. Apagando todas as luzes, fomos até a porta e a escancaramos de repente; onde sentimos uma inexplicável rajada de ar e ouvimos, como se estivesse afastando ao longe, uma estranha combinação de farfalhar, risadinhas e tagarelice articulada. Se estávamos loucos, sonhando ou em nossos sentidos, não tentamos determinar. Só percebemos, com a mais sinistra das apreensões, que o palavreado aparentemente desprovido de corpo estava, sem dúvida, na língua holandesa.

Depois disso, vivemos em crescente horror e fascínio. Nos apegávamos principalmente à teoria de que estávamos enlouquecendo conjuntamente devido à nossa vida de excitações não naturais, mas às vezes nos agradava mais dramatizar a nós mesmos como vítimas de alguma desgraça assustadora e de destino terrível. Manifestações bizarras eram agora frequentes demais para serem contadas. Nossa casa solitária estava aparentemente viva com a presença de algum ser maligno cuja natureza não podíamos conceber; e todas as noites aquele uivo demoníaco ecoava sobre a charneca varrida pelo vento, cada vez mais alto. Em 29 de outubro, encontramos na terra macia sob a janela da biblioteca uma série de pegadas absolutamente impossíveis de descrever. Eram tão desconcertantes quanto as hordas de grandes morcegos que assombravam a velha mansão em números sem precedentes e crescentes.

O horror atingiu o ápice em 18 de novembro, quando St. John, voltando para casa da distante estação ferroviária após escurecer, foi apanhado por algum carnívoro assustador e despedaçado. Seus gritos chegaram à casa e eu me precipitei até a terrível cena a tempo de ouvir um farfalhar de asas e ver vagamente a silhueta de uma coisa negra e nublada contra a lua nascente. Meu amigo estava morrendo quando falei com ele e ele não conseguiu responder de forma coerente. Tudo o que ele podia fazer era sussurrar: "O amuleto — aquela coisa maldita...". Então ele desmoronou, uma massa inerte de carne mutilada.

Eu o enterrei na meia-noite seguinte em um de nossos jardins negligenciados e murmurei sobre seu corpo um dos rituais diabólicos que ele havia amado em vida. E enquanto eu pronunciava a última frase demoníaca, ouvi ao longe, na charneca, o uivo fraco de algum cão gigantesco. A lua estava alta, mas não ousei olhar para ela. E quando vi na charneca escura uma grande sombra nebulosa varrendo de monte em monte, fechei os olhos e me joguei de bruços no chão. Quando me levantei tremendo, não sei quanto tempo depois, cambaleei para dentro da casa e fiz reverências chocantes diante do amuleto consagrado de jade verde.

Com medo de morar sozinho na antiga casa da charneca, parti no dia seguinte para Londres, levando comigo o amuleto depois de destruir com fogo e enterrar o resto da coleção ímpia do museu. Porém, depois de três noites, eu ouvi os uivos novamente, e antes que uma semana terminasse, passei a sentir olhos estranhos sobre mim sempre que estava escuro. Uma noite, enquanto eu passeava para tomar um pouco de ar pela Victoria Embankment, vi uma forma preta obscurecer um dos reflexos das lâmpadas na água. Um vento mais forte do que o vento noturno soprou e eu soube que o que havia acontecido com St. John logo aconteceria comigo.

No dia seguinte, embrulhei cuidadosamente o amuleto de jade verde e naveguei para a Holanda. Que misericórdia poderia eu obter ao devolver a coisa ao seu silencioso e adormecido dono, eu não sabia; mas senti que deveria pelo menos tentar qualquer passo concebivelmente lógico. O que era o cão e por que me perseguia eram questões ainda vagas; mas eu tinha ouvido o uivo pela primeira vez naquele cemitério antigo e todos os eventos subsequentes, incluindo o sussurro moribundo de St. John, serviram para conectar a maldição com o roubo do amuleto. Assim, mergulhei nos abismos mais profundos do desespero quando, em uma pousada em Roterdã, descobri que ladrões haviam me despojado do meu único meio de salvação.

Os uivos eram altos naquela noite e de manhã li sobre um feito inominável no bairro mais vil da cidade. A ralé estava aterrorizada, pois naquele criminoso cortiço fora feita uma matança para além do crime mais sujo acontecido anteriormente no bairro. Em um esquálido covil de ladrões, uma família inteira fora despedaçada por uma coisa desconhecida que não deixou vestígios, e os que estavam ao redor ouviram a noite toda, acima do clamor habitual de vozes bêbadas, um uivo fraco, profundo e insistente, como a de um cão gigantesco.

Então, finalmente, eu estava de novo naquele adro insalubre onde uma lua pálida de inverno lançava sombras horríveis e árvores desfolhadas caíam sombriamente ao encontro da grama murcha e gelada e das lajes rachadas; a igreja coberta de hera apontava um dedo zombeteiro para o céu hostil e o vento noturno uivava loucamente sobre pântanos congelados e mares gelados. O uivo estava muito fraco agora e cessou completamente quando me aproximei da antiga sepultura que eu havia uma vez violado, afugentando uma horda anormalmente grande de morcegos que pairava curiosamente ao redor dela.

Não sei por que fui até lá, a não ser para rezar ou balbuciar súplicas e desculpas insanas para a coisa calma e esbranquiçada que estava lá dentro; mas, seja lá por que, ataquei a relva semicongelada em desespero que parte era meu, e parte era o de uma vontade dominante fora de mim. A escavação foi muito mais fácil do que eu esperava, embora a certa altura eu tenha encontrado uma estranha interrupção, quando um abutre esguio desceu do céu frio e bicou freneticamente na terra da sepultura até que eu o matei com um golpe de minha pá. Por fim, alcancei a caixa oblonga apodrecida e removi a tampa úmida de nitro. Este é o último ato racional que já realizei.

Pois, agachado dentro daquele caixão centenário, abraçado por um séquito de pesadelos de morcegos enormes e musculosos adormecidos, estava a coisa ossuda que meu amigo e eu havíamos roubado; não limpo e plácido como o tínhamos visto na época, mas coberto por sangue endurecido e pedaços de carne e cabelo estranhos, olhando de soslaio para mim com órbitas fosforescentes e presas sangrentas e afiadas bocejando retorcidas em zombaria de meu inevitável destino. E quando ele soltou daquelas mandíbulas sorridentes um uivo profundo e sardônico como de um cão gigantesco e eu vi que ele segurava em sua garra sangrenta e imunda o amuleto perdido e fatídico de jade verde, eu apenas gritei e fugi idiotamente, meus gritos logo se dissolvendo em gargalhadas histéricas.

A loucura cavalga o vento das estrelas... garras e dentes afiados em séculos de cadáveres... pingando morte, montado em uma legião de morcegos vindos da noite escura dos templos enterrados de Belial... Agora, à medida que o uivo daquela monstruosidade morta e sem carne fica cada vez mais alto, e o farfalhar e guinchar dessas amaldiçoadas asas em forma de teia se aproximam cada vez mais, devo buscar com meu revólver o esquecimento que é meu único refúgio contra inominado e inominável.

O TERRÍVEL ANCIÃO (1920)

intenção de Angelo Ricci, Joe Czanek e Manuel Silva era visitar o Terrível Ancião. Esse velho homem mora sozinho em uma casa muito antiga na rua Water, perto do mar, e tem a fama de ser extremamente rico e muito vulnerável; o que constitui uma situação bem atraente para os homens da profissão dos senhores Ricci, Czanek e Silva, pois sua profissão não era menos digna do que o roubo.

Os moradores de Kingsport dizem e pensam muitas coisas a respeito do Terrível Ancião; coisas que, geralmente, o mantêm a salvo das atenções de cavalheiros como o Sr. Ricci e seus colegas, apesar do fato quase certo de que ele esconde uma fortuna de magnitude indefinida em algum lugar sobre sua venerável residência.

Ele é, na verdade, uma pessoa muito estranha; acredita-se que tenha sido capitão de veleiros da Índia Oriental em sua juventude; é tão velho que ninguém se lembra de quando ele era jovem, e tão taciturno que poucos conhecem seu verdadeiro nome. Entre as árvores retorcidas no jardim da frente de sua velha e negligenciada residência, ele mantém uma estranha coleção de grandes pedras, estranhamente agrupadas e pintadas de modo que se assemelham aos ídolos de algum obscuro templo oriental.

Tal coleção assusta a maioria das crianças que adoram insultar o Terrível Ancião por causa de seus longos cabelos e barba brancos, ou que quebram as pequenas janelas de sua residência com seus traiçoeiros projéteis; mas há outras coisas que assustam as pessoas mais velhas e curiosas que, às vezes, sobem furtivamente até a casa para espiar pelas vidraças empoeiradas. Essas pessoas dizem que em uma mesa na sala vazia do térreo há muitas garrafas peculiares, e em cada uma, um pequeno pedaço de chumbo suspenso como um pêndulo por uma corda. E dizem que o Terrível Ancião fala com essas garrafas, chamando-as por nomes como Jack, Cicatriz, Grande Tom, Joe Espanhol, Peters e Mate Ellis; e que, sempre que ele fala com uma garrafa, o pequeno pêndulo de chumbo dentro delas emite certas vibrações evidentes, como se estivessem respondendo-o.

Aqueles que testemunharam o alto e magro Terrível Ancião nessas conversas peculiares, não o assistem novamente. Mas Angelo Ricci, Joe Czanek e Manuel Silva não tinham o sangue de Kingsport; eles eram daquela nova e heterogênea estirpe estrangeira que ficava à margem do encantador círculo da vida e das tradições da Nova Inglaterra, e viam no Terrível Ancião apenas um velho cambaleante, praticamente indefeso, que não conseguia andar sem a ajuda de sua bengala e cujas mãos magras e fracas tremiam lamentavelmente.

Eles realmente tinham pena do solitário e impopular Ancião, a quem todos evitavam e para quem todos os cães latiam singularmente; mas negócios são negócios, e para um ladrão cuja alma está em sua profissão, há uma certa atração e um desafio sobre um homem muito velho e muito frágil, que não tem conta no banco, e que paga por suas poucas necessidades na loja da aldeia com ouro e prata espanhóis cunhados há dois séculos.

Os Srs. Ricci, Czanek e Silva escolheram a noite de 11 de abril para fazer sua visita. O Sr. Ricci e o Sr. Silva deveriam entrevistar o pobre senhor, enquanto o Sr. Czanek esperava por eles, e sua presumível carga metálica, em um automóvel coberto na rua Ship, junto ao portão do muro alto, nos fundos do terreno de seu anfitrião. O desejo de evitar explicações desnecessárias, em caso de intrusões policiais inesperadas, motivou esses planos para uma fuga tranquila e sem chamar a atenção.

Conforme combinado, os três aventureiros partiram separadamente para evitar qualquer suspeita posterior. Os Srs. Ricci e Silva encontraram-se na rua Water, junto ao portão da frente da casa do Ancião, e, embora não gostassem da forma como a lua brilhava sobre as pedras pintadas através dos ramos retorcidos das árvores deformadas, tinham coisas mais importantes em que pensar do que uma mera e fútil superstição. Eles temiam que poderia ser um trabalho desagradável fazer o Terrível Ancião falar sobre seu ouro e prata acumulados, pois os velhos capitães do mar são notavelmente teimosos e perversos. Ainda assim, ele era muito velho e muito frágil, e havia dois visitantes. Os Srs. Ricci e Silva eram experientes na arte de fazer as pessoas relutantes abrirem a boca, e os gritos de um homem fraco e excepcionalmente vulnerável podiam ser facilmente abafados. Então eles foram até a única janela iluminada e ouviram o Terrível Ancião conversando infantilmente com suas garrafas com pêndulos.

Em seguida, colocaram as máscaras e bateram educadamente à porta de carvalho manchada pelo tempo.

A espera pareceu muito longa para o Sr. Czanek enquanto ele se mexia inquieto no automóvel coberto junto ao portão dos fundos do Terrível Ancião, na rua Ship. Ele tinha um coração mais terno do que o normal, e não gostou dos gritos horríveis que ouvira na casa antiga logo após a hora marcada para o ato. Ele não havia dito a seus colegas que fossem tão gentis quanto possível com o patético capitão do mar? Muito nervoso, ele observou aquele estreito portão de carvalho no muro de pedra coberto de hera. Frequentemente consultava o relógio e se perguntava o motivo do atraso.

Teria o Ancião morrido antes de revelar onde seu tesouro estava escondido, e uma busca completa se tornou necessária? O Sr. Czanek não gostava de esperar tanto tempo no escuro em um lugar daquele. Foi então que ele percebeu passos ou batidas suaves na passagem do lado de dentro do portão, ouviu um suave tatear no trinco enferrujado e viu a porta estreita e pesada abrir para dentro. E sob a luz pálida do único poste de luz da rua, ele forçou os olhos para ver o que seus colegas tinham trazido daquela casa sinistra que assomava tão perto. Mas quando olhou, não viu o que esperava; pois seus colegas não estavam lá, apenas o Terrível Ancião, apoiado silenciosamente em sua bengala e com um sorriso maligno no rosto. O Sr. Czanek nunca havia notado a cor dos olhos daquele homem; agora ele viu que eram amarelos.

Poucas coisas causam considerável alvoroço nas cidades pequenas, razão pela qual as pessoas de Kingsport falaram durante toda aquela primavera e verão sobre os três corpos não identificados, horrivelmente mutilados — como se esfaqueados por muitos cutelos —, e esmagados — como se tivessem sido pisoteados por botas cruelmente — que a maré trouxera. E algumas pessoas até falaram de coisas triviais como o automóvel abandonado encontrado na rua Ship, ou certos gritos especialmente inumanos, provavelmente de um animal vadio ou de uma ave migratória, ouvidos à noite por cidadãos ainda acordados. Mas nessas fofocas ociosas da vila o Terrível Ancião não o interessou. Ele era reservado por natureza, e quando se está velho e fraco, a reserva é duplamente considerável. Além disso, um capitão do mar tão ancião deve ter testemunhado muitas coisas muito mais emocionantes nos dias distantes de sua juventude.

A ESTRANHA CASA NA NEBLINA (1926)

Durante a manhã, a neblina sobe do mar pelos desfiladeiros além de Kingsport. Branca e emplumada, ela vem do fundo para suas irmãs, as nuvens, cheia de sonhos de pastos úmidos e cavernas de leviatã. E mais tarde, durante as tranquilas chuvas de verão nos telhados íngremes dos poetas, as nuvens espalham fragmentos desses sonhos, pois os homens não devem viver sem rumores antigos e segredos estranhos, e maravilhas que planetas contam a outros planetas unicamente durante a noite. Quando lendas flutuam em abundância pelas grutas de tritões, e as conchas em cidades de algas assoviam melodias selvagens ensinadas pelos Antigos, grandes nuvens de neblina se juntam e escalam ansiosamente até os céus, e sobre os rochedos, os olhos voltados ao oceano veem apenas uma branquidão mística, como se a borda do penhasco fosse a borda da Terra inteira, e os solenes sinos de boias soassem suavemente no éter das fadas.

Imediatamente ao norte da arcaica Kingsport, os penhascos se erguem altos e curiosos, de terraço em terraço, até que os mais ao norte fique projetado no céu feito uma nuvem de vento congelada e cinzenta. Sozinho, ele é apenas um ponto deprimente se estendendo em um espaço sem limites, uma vez que ali a costa adquire uma ponta fina onde o grande rio Miskatonic, vindo das planícies de Arkham, trazendo lendas das florestas e algumas poucas memórias antiquadas das colinas da Nova Inglaterra. O povo do mar em Kingsport olha para aquele penhasco como o outro povo do mar olha para a Estrela Polar, e alternam a vigia noturna dependendo da forma que ele esconde ou revela a Ursa Maior, a Cassiopeia ou o Dragão. É considerado como sendo parte do firmamento, e de fato ele é escondido quando a neblina cobre as estrelas ou o sol. Alguns dos penhascos são amados por eles, como aquele de perfil grotesco que chamam de Pai Netuno, ou aquele que os degraus em pilares os fazem chamar de O Passadiço, mas este eles temem pois é muito próximo do céu. Os navegantes portugueses, quando ali desembarcam de uma viagem, fazem o sinal da cruz quando avistam o penhasco pela primeira vez, os velhos Yankees acreditavam que escalá-lo, se fosse possível, seria muito pior que a morte. De qualquer modo, existe uma antiga casa naquele penhasco, e à noite os homens veem luzes acesas naquelas pequenas janelas.

Essa casa sempre esteve lá, e as pessoas dizem que ali mora *alguém* que conversa com as neblinas da manhã vindas que sobem do mar profundo, e talvez veja coisas estranhas no oceano, naqueles momentos em que a borda do penhasco se torna a borda de toda a Terra, e boias solenes soam livremente no branco éter das fadas. Isso é dito boca a boca, pois aquele penhasco proibido nunca foi visitado, e os nativos não gostam de apontar telescópios para ele. Visitantes de veraneio já chegaram a escaneá-lo com binóculos sofisticados, mas nunca viram nada além do telhado cinzento, primitivo, pontudo e tortuoso, cujo beiral se aproxima da fundação cinza, e a fraca luz amarela da pequena janela espreita sob aquele beiral durante o crepúsculo. Esses turistas de veraneio não acreditam que esse mesmo *alguém* vive naquela casa há centenas de anos, mas não conseguem provar essa heresia para ninguém de Kingsport. Até o Terrível Ancião, que conversa com pêndulos engarrafados, faz as compras da semana com ouro espanhol secular, e mantém ídolos de pedra no jardim de sua cabana arcaica na rua Water diz apenas que sempre foi o mesmo desde que seu avô era um menino, e isso deve ter sido há Eras inconcebivelmente antigas, quando Belcher, ou Shirley, ou Pownall, ou Bernard era governador da Província da Baía de Massachussetts.

Então, um verão, apareceu um filósofo em Kingsport. Seu nome era Thomas Olney, e ele ensinava coisas entediantes em uma faculdade próxima à baía de Narragansett. Ele veio com sua robusta esposa e seus filhos brincalhões, e seu olhos estavam cansados de ver as mesmas coisas por tantos anos, e pensar nas mesmas coisas de maneira bem disciplinada. Ele viu a neblina da beirada do Pai Netuno, e tentou caminhar rumo ao mundo de mistério pelos degraus titânicos d'O Passadiço. Dia após dia ele se deitava sobre o penhasco e olhava por cima da borda do mundo para além do misterioso éter, ouvindo os sinos espectrais e os selvagens choros do que podem ter sido gaivotas. Então, quando a neblina que esvaía e o mar se destacava desinteressante com a fumaça de barcos a vapor, ele suspirava lamentosamente e descia para a cidade, onde adorava caminhar pelas ruas estreitas acima e abaixo da colina, e estudar as arestas cambaleantes e estranhas passagens com pilares que deviam ter abrigado tantas gerações do vigoroso povo do mar. E ele conversava com o terrível Ancião, que não gostava de estrangeiros, e foi convidado a ir até sua assustadora cabana velha, onde o teto baixo e os painéis cobertos por larvas ouviam o eco de inquietantes monólogos nas primeiras horas da escuridão.

É claro que foi inevitável para Olney reparar na cabana cinzenta e nunca antes visitada, naquele penhasco sinistro que se mistura à neblina, perto do céu. Sempre suspenso sobre Kingsport, seu mistério soava por sussurros que ecoavam nas vielas tortas da cidade. O terrível Ancião falou de uma história que seu pai lhe contou, sobre um raio que subiu ao céu vindo da cabana no topo do penhasco para as nuvens, ou até mais acima; e a Vovó Orne, cuja pequena casa de mansarda, na rua Ship, é coberta de lodo e heras, reclamou de algo que a sua avó ouvira dizer a respeito de formas que voaram das neblinas ao leste em direção à única e estreita porta daquele lugar inalcançável, pois a porta fica próxima à beirada do penhasco e é voltada para o oceano, e só pode ser vista pelos barcos no mar.

Por fim, sua avidez por coisas estranhas, e sem deixar ser impedido pelo medo dos nativos ou pela indolência dos turistas, Olney tomou uma terrível decisão. Apesar de ter recebido uma criação conservadora – ou talvez exatamente por isso, pois vidas tediosas criam tristes desejos pelo desconhecido – ele fez um juramento de subir aquele penhasco ao norte tão evitado e visitar a anormalmente velha cabana cinza no céu. Muito plausivelmente sua sanidade argumentou que o lugar devia ser habitado por pessoas que o alcançaram pela terra, por meio da passagem mais fácil ao lado da foz do Miskatonic. Provavelmente faziam negócios em Arkham, sabendo o quão pouco Kingsport gostava de sua casa, ou talvez por não serem capazes de descer o penhasco pelo lado de Kingsport. Olney caminhou pelos rochedos menores para onde o grande penhasco subia insolentemente para se encontrar com criaturas celestiais, e teve certeza de que nenhum pé humano poderia passar por ele naquela encosta ao sul. A leste e ao norte, ele subia milhares de quilômetros verticalmente, a partir da água, de maneira que restava apenas o lado oeste, em direção a Arkham.

Numa manhã de agosto, Olney foi encontrar um caminho para o pico inacessível. Ele seguiu para noroeste por prazerosas ruas secundárias, após a Lagoa de Hooper e a casa de pólvora feita de tijolos antigos onde os pastos se inclinavam em direção ao cume acima do Miskatonic e proporcionavam uma adorável paisagem das torres brancas típicas da Geórgia, que existem em Arkham, através de quilômetros de rio e campo. Ali ele encontrou uma estrada escura para Arkham, mas nenhuma trilha em direção ao mar, como ele desejava. Florestas e campos se aglomeravam até o alto da foz do rio, e não apresentavam nenhum sinal de presença humana; nem mesmo uma parede de pedra, ou uma vaca perdida, apenas a grama alta, árvores gigantescas e emaranhados de espinheiros que podiam ter sido vistos pelos primeiros indígenas. Enquanto subia lentamente ao leste, mais e mais alto acima da foz à sua esquerda e cada vez mais perto do mar, ele viu seu caminho se tornando ainda mais difícil; até que se perguntou como os habitantes daquele lugar inóspito conseguiam chegar ao mundo exterior, e se iam fazer negócios em Arkham com frequência.

Então as árvores ficaram mais escassas, e bem longe abaixo dele, à sua direita, ele viu as colinas, os telhados antigos e os campanários de Kingsport. Até a colina central era uma anã na altura que estava, e ele conseguiu distinguir apenas o antigo cemitério próximo ao Hospital Congregacional, no qual rumores diziam que horríveis cavernas ou tocas se escondiam. Logo à frente havia grama esparsa e matagais de amoras, e além deles a pedra descoberta do penhasco e o fino cume da temida cabana cinzenta. Agora o pico afinava, e Olney se sentiu zonzo pela sua solidão no céu. Ao sul dele havia o horripilante precipício acima de Kingsport, e ao norte, a queda vertical de quase um quilômetro até a foz do rio. De repente, um grande buraco se abriu bem na sua frente, com três metros de profundidade, de tal forma que ele teve que se deitar sobre suas mãos e cair no chão inclinado, depois de se arrastar perigosamente acima de um estreito natural na parede oposta. Então era assim que os moradores da estranha casa viajavam pela Terra e pelo céu!

Quando ele escalou para fora daquele buraco, uma neblina matinal estava se formando, mas ele podia ver a cabana alta e profana logo à frente; paredes cinzas feito pedra, estendendo-se no topo da colina contra o branco suave dos vapores do mar. E ele percebeu que não havia nenhuma porta naquele lado da área, apenas algumas janelas de treliça pequenas com painéis coloridos à moda do século XVII. Tudo à sua volta era nuvem e caos, e ele não conseguia ver nada além da branquidão do espaço ilimitado. Estava sozinho no espaço com essa casa estranha e muito perturbadora; e quando ele a contornou de lado para a frente e viu que a parede estava bem encostada à beira do penhasco, fazendo com que nada além do éter vazio a alcançasse, sentiu um medo aterrador que aquela altura não podia explicar totalmente. E era muito estranho que telhas tão roídas pudessem sobreviver, ou que tijolos tão partidos ainda levantassem uma chaminé.

Enquanto a neblina ficava mais densa, Olney se esgueirou até as janelas aos lados norte, oeste e sul, tentando passar por alguma delas e descobrindo que estavam todas trancadas. Ele se sentiu vagamente feliz pelo fato de estarem travadas, pois quanto mais olhava para a casa, menos desejava entrar nela. Então um barulho o assustou. Ele ouviu uma fechadura tremer e um parafuso ser retirado, e um longo rangido se seguiu, como se a porta pesada tivesse sido aberta lenta e cautelosamente. Isso aconteceu no lado voltado para o oceano, o qual ele não conseguia enxergar, onde a estreita porta se abria em um espaço vazio a milhares de metros na neblina acima das ondas.

Então ouviu-se um barulho pesado e deliberado na cabana, e Olney ouviu as janelas se abrirem, primeiro ao lado norte oposto a ele, e depois a do oeste. Logo após se abriram as janelas ao sul, abaixo do grande e baixo beiral no lado que ele estava; e podia-se dizer que ele se sentiu mais do que desconfortável enquanto pensava na detestável casa de um lado e no espaço de ar rarefeito no outro. Quando um passo desengonçado foi ouvido nas janelas próximas, ele se esgueirou novamente para o oeste, apertando-se contra a parede ao lado das janelas agora abertas. Era claro que o proprietário havia voltado para casa, mas ele não viera por terra firme, nem mesmo por algum balão ou aeronave que pudesse ser imaginada. Passos foram ouvidos novamente, e Olney se inclinou para o lado norte; mas antes que pudesse encontrar abrigo, uma voz o chamou suavemente, e ele soube que precisaria confrontar o anfitrião.

Parado com a cabeça para fora de uma janela a oeste havia um grande rosto coberto com barba negra, cujos olhos brilhavam fosforescentes com os traços de algo nunca antes visto ou do qual se ouvira falar. Mas a voz era gentil, de alguém antiquado e antigo, de maneira que Olney não temeu quando uma mão marrom se estendeu para ajudá-lo a pular o parapeito para dentro daquela sala baixa com paredes de carvalho escuro e mobília esculpida à moda Tudor. O homem estava coberto por vários ornamentos antigos e tinha à sua volta uma aura de tradição do mar, sonhos e evocava enormes galeões de sonho. Olney não se lembra de todas as maravilhas que ele contou, ou até mesmo de quem ele era; mas diz que ele era estranho e gentil, e cheio da magia do vazio de tempos e espaços inexplorados. A sala pequena parecia verde com um suave brilho de luz aquosa, e Olney viu que as distantes janelas ao leste não estavam abertas, mas trancadas contra o éter místico com robustas tábuas como fundos de garrafas velhas.

Aquele anfitrião barbudo parecia jovem, mas olhava com olhos que passaram pelos mistérios antigos; e das lendas de maravilhosas coisas ancestrais que relatou, deve-se dizer que o povo da vila estava certo ao afirmar que ele conversou com as neblinas do mar e as nuvens do céu desde quando não havia vila alguma para observar essa vivência taciturna lá de baixo da planície. E o dia passou, e Olney ainda ouvia os rumores de tempos antigos e lugares distantes, e ouviu como os reis de Atlântida lutaram contra as blasfêmias escorregadias que se contorciam para fora de fissuras no chão do oceano, e como o templo de Poseidon, com seus pilares e algas, ainda é visto à meia-noite por navios perdidos, e sabem que, por vê-lo, estão perdidos. Os anos dos Titãs foram recordados, mas o anfitrião ficou tímido ao falar sobre o nascer da primeira Era do caos, antes dos deuses ou até dos Antigos terem nascido, e quando somente os outros deuses vinham para dançar no topo do Hathg-Kla, no deserto de pedras próximo a Ulthar, além do rio Skai.

Foi nesse momento que se ouviu batidas a porta; aquela porta antiga de carvalho pregado por trás da qual só há o branco abismo de nuvens. Olney olhou assustado, mas o homem barbado fez um sinal para que ele ficasse quieto e andou nas pontas dos pés até a porta para olhar por um pequeno olho mágico. Ele não gostou do que viu, então pressionou os dedos contra os lábios e novamente andou nas pontas dos pés para fechar e trancar todas as janelas antes de retornar ao banco antigo ao lado do seu convidado. Então Olney viu uma estranha sombra negra vagando curiosamente pela fraca luz de cada uma das janelas translúcidas pouco antes de ir embora; e ele estava feliz por seu anfitrião não ter atendido a porta. Pois existem coisas estranhas no grande abismo, e o buscador de sonhos deve tomar cuidado para não misturar ou encontrar os sonhos errados.

Então as sombras começaram a se unir; primeiro as pequenas e furtivas abaixo da mesa, e então, as maiores e mais robustas nos cantos cobertos por painéis. O homem barbado fez um enigmático gesto de oração, e acendeu velas altas em candelabros de bronze. Frequentemente olhava para a porta como se esperasse por alguém, e várias vezes seu olhar parecia ser respondido por um singular ruído arranhado que devia seguir um código muito antigo e secreto. Dessa vez ele nem mesmo olhou pelo olho mágico, mas tirou a grande barra de carvalho e o parafuso, soltando a grande porta e deixando ela bem aberta para as estrelas e para a neblina.

Então, ao som de melodias obscuras, flutuou para dentro daquela sala, vindo das profundezas, todos os sonhos e memórias dos Sábios submersos da terra. E chamas douradas imitavam ervas daninhas trançadas, de maneira que Olney se sentiu maravilhado enquanto seu anfitrião os recebia com muito respeito e adoração. Lá estava Netuno, carregando seu tridente, com vívidos tritões e fantásticas nereidas, e se equilibrando nos dorsos de golfinhos estava uma enorme concha com dentes afiados sobre a qual estava a horrível e cinzenta forma primitiva de Nodens[7], Senhor do Grande Abismo. E as conchas dos tritões sopravam toques estranhos, as nereidas faziam sons excêntricos ao atacar as conchas ressonantes de criaturas que observavam silenciosamente de suas cavernas escuras no mar. Então o venerando Nodens estendeu uma mão enrugada para ajudar Olney e seu anfitrião a entrarem na concha gigante, e nesse momento as conchas e os gongos fizeram um barulho estridente, selvagem e incrível. E no éter sem limites se esgueirava aquele comboio fabuloso, cujo barulho dos gritos se perdeu nos ecos do trovão.

Toda noite em Kingsport, as pessoas observavam aquele penhasco tão alto, sempre que a tempestade e a neblina davam vislumbres dele, e quando as horas da manhã se aproximavam e a pequena luz fraca da janela se apagava, eles sussurravam sobre terror e desastre. E os filhos de Olney e sua robusta esposa rezaram ao deus apropriado aos batistas, e pediram que o viajante conseguisse botas e um guarda-chuva caso chuva não parasse pela manhã. Então a alvorada chegou e se impregnou com a neblina enquanto saía do mar, e as boias soavam com seriedade entre os vórtices de éter branco. E ao meio-dia cornetas delicadas tocaram por cima do oceano enquanto Olney, seco e com os pés ágeis, descia do penhasco até a antiga Kingsport com olhar de quem vislumbrou lugares distantes. Ele não conseguia recordar o que sonhou na cabana alta daquele eremita sem nome, ou dizer como ele saiu daquele penhasco atravessado por outros pés. Nem mesmo poderia falar de nada do que presenciou a não ser com o Terrível Ancião, que após isso resmungou coisas estranhas de dentro da sua longa barba branca, dizendo que o homem que descer daquele penhasco não era totalmente o mesmo que subiu, e que em algum lugar abaixo daquele teto cinza culminado, ou por entre as alturas inalcançáveis daquela neblina branca sinistra, vagava o espirito perdido do Thomas Olney.

E desde aquele momento, arrastados e tediosos anos de canseira e cores cinzas, o filósofo trabalhou, comeu, dormiu e fez todas as obrigações de um cidadão sem reclamar. Nunca mais desejou conhecer a magia de colinas distantes, ou lamentou pelos segredos que procurava como folhas verdes no mar sem fundo. A mesmice dos seus dias não o entristecia mais, e os pensamentos disciplinados eram o bastante para sua imaginação. Sua boa esposa se tornava mais robusta e seus filhos mais velhos, mais sem imaginação e mais úteis, e ele nunca deixou de sorrir com orgulho deles quando a ocasião permitiu. No

---

7 Nodens é um dos Deuses Antigos criados por Lovecraft. (N. do R.)

seu olhar não havia mais nenhum brilho incansável, e se ele ouviu algum sino sério ou cornetas delicadas à distância era à noite, decerto quando antigos sonhos vaguearam. Ele nunca mais voltou a visitar Kingsport, pois sua família não gostou das velhas casas engraçadas, e reclamou que os encanamentos eram horríveis. Agora eles possuem um bangalô fino em Bristol Highlands, onde nenhuma torre se projeta, e os vizinhos são urbanos e modernos.

Mas em Kingsport, lendas estranhas vêm à tona, e até o Terrível Ancião admite algo que seu avô não contou. Por ora, quando o vento varre descontrolado o norte atrás da velha casa que se confunde com o firmamento, finalmente se quebra o silêncio mórbido e ameaçador que antecede a destruição dos camponeses marítimos de Kingsport. E o povo antigo fala de vozes agradáveis que se ouvem em cantoria por lá, e de risadas que se enchem de alegrias além das alegrias terrenas; e dizem que, durante a noite, a luz que passa pelas janelas baixas é mais brilhante que antes. Também dizem que a selvagem aurora aparece com mais frequência naquele ponto, brilhando azul ao norte com paisagens de mundos congelados, enquanto o penhasco e a cabana pairam escuros e fantásticos contra brilhos ferozes. E as neblinas do amanhecer são mais espessas, e os marinheiros não têm mais certeza se o soar abafado vindo do mar é o das boias solenes de navegação.

Apesar disso, o pior é o murchar desses velhos medos no coração dos jovens de Kingsport, que se acostumaram a ouvir o vento norte soprando sons distantes e fracos. Eles juram que nada que faça mal ou cause dor possa habitar aquela cabana no topo do penhasco, pois há um ritmo alegre nessas novas vozes, e com ele o tilintar de risada e música. Quais lendas a neblina do mar pode trazer àquele pico assombrado e escondido ao norte eles não sabem, mas anseiam para extrair alguma ponta das maravilhas que batem à porta naquele abismo ameaçador quando as nuvens são mais densas. E os patriarcas receiam que um dia, um por um, eles partam até aquele pico inacessível no céu, e descubram quais segredos de séculos se escondem entre o telhado inclinado que faz parte das pedras e se mistura às estrelas e aos medos ancestrais de Kingsport. E não querem que a peculiar Kingsport, com seus beirais íngremes e arcaicos, torne-se desinteressante com o passar dos anos, enquanto, a cada voz somada, o coral de risos se torne mais forte e feroz naquele ninho terrível e desconhecido, onde os sonhos nebulosos e as névoas seguem para descansar em seu caminho até os céus e o mar.

Eles não desejam que as almas dos seus jovens deixem os lares agradáveis e as cavernas de telhado de mansarda da velha Kingsport, nem que a risada e a música naquele lugar pedregoso e elevado se torne mais alta. Pois a voz que surgiu veio com novas névoas do mar e novas luzes frescas do norte, então dizem que mais vozes trarão mais névoas e mais luzes, até que, quem sabe, os deuses antigos (cuja existência eles só mencionam em sussurros por medo do pastor da congregação acabar ouvindo) possam sair do fundo e da desconhecida Kadath na planície gelada para fazer morada naquele penhasco maliciosamente apropriado e tão próximo às colinas gentis e aos vales de pescadores simples e quietos. Não desejam isso, pois, para pessoas sensatas, coisas que não são da terra não são bem-vindas; além disso, o Terrível Ancião lembra com frequência do que Olney disse sobre um bater de porta que o morador solitário temia, e de uma forma sombria e curiosa contra a neblina que viu por aquelas janelas estranhas e translúcidas com vitrais coloridos.

TTudo isso, talvez, somente os Antigos decidam; e enquanto isso, a neblina da manhã ainda sobe por aquele pico vertiginoso e solitário com a casa velha inclinada, àquela casa de beiral cinzento e baixo onde ninguém é visto, mas de onde a noite trás luzes furtivas enquanto o vento do norte fala de alegrias estranhas. Branca e emplumada, ela vem do fundo para suas irmãs, as nuvens, cheia de sonhos de pastos úmidos e cavernas de leviatã. E quando lendas flutuam em abundância pelas grutas de tritões, e as conchas em cidades de algas assoviam melodias selvagens ensinadas pelos Antigos, então grandes nuvens de neblina se juntam e escalam ansiosamente até os céus; e Kingsport, aprumando-se apreensivamente nas colinas mais baixas, sob aquela sentinela de pedra suspensa, vê apenas uma branquidão mística no oceano, como se a borda do penhasco fosse a borda da Terra inteira, e os solenes sinos de boias soassem suavemente no éter das fadas.

A HISTÓRIA DO NECRONOMICON (1927)

T ítulo original *Al Azif* – sendo *azif* a palavra usada pelos árabes para designar o som noturno (feito por insetos) que se alega serem o uivo dos demônos.

Escrito por Abdul Alhazred, um poeta louco do Sanaá, Iémen, que se supõe ter atingido o auge durante o período do califado Omíada, cerca de 700 d.C. Ele visitou as ruínas da Babilônia e os subterrâneos secretos de Memphis e passou dez anos sozinho no grande deserto ao sul da Arábia, o Rub' al-Khali ou "Espaço Vazio" dos antigos, e "Dahna" ou deserto "Rubro" para os árabes modernos, que dizem ser habitado por espíritos malignos e territoriais e monstros da morte. Muitas maravilhas estranhas e inacreditáveis são ditas por aqueles que fingiram tê-lo adentrado. Nos seus últimos anos de vida, Alhazred fez morada em Damasco, onde o *Necronomicon (Al Azif)* foi escrito, e onde é feito vários relatos horríveis e conflitantes sobre sua morte ou desaparecimento (738 d.C.). Ebn Khalikan (biografista do século XII) diz que ele foi sequestrado por um monstro invisível em plena luz do dia e devorado na frente de testemunhas paralisadas pelo medo. Muitas coisas foram ditas sobre sua loucura. Ele alega ter visto a fabulosa Irem, ou Cidade dos Pilares, e encontrado entre as ruínas de um certo deserto sem nome os registros temporais e segredos de uma raça muito mais antiga que a humanidade. Ele só era um muçulmano comum, adorava entidades que chamava de Yog-Sothoth e Cthulhu.

Em 950 d.C. o *Azif*, que ganhou uma circulação considerável, embora clandestina, entre os filósofos da época, foi secretamente traduzido para o grego por Theodorus Philetas de Constantinopla sob o título de *Necronomicon*. Durante um século, o livro influenciou certos pesquisadores a realizar experiências terríveis, até que foi proibido e queimado pelo Patriarca Michael. Após isso, ele só foi mencionado de forma furtiva; mas Olaus Wormius fez uma tradução para o latim durante a Idade Média (1228), e o texto foi impresso duas vezes – uma no século XV em grafia gótica (evidentemente na Alemanha) e outra no século XVII (provavelmente na Espanha) –, em ambas as edições não havia marcas de identificação, e seu local de origem e idade foram estimados apenas de acordo com evidências tipográficas. Os trabalhos, tanto em latim quanto em grego, foram banidos pelo Papa Gregório IX em 1232, pouco tempo após a sua tradução latina, o que chamou a atenção para ela. O original em árabe foi perdido já na época de Wormius, conforme indicado pela sua nota de prefácio; e nenhum avistamento da cópia em grego – que foi impressa na Itália entre 1500 e 1550 – foi reportado desde o incêndio da biblioteca de um homem de Salem em 1692. Uma tradução em inglês feita pelo Dr. Dee nunca foi impressa, e só existe em fragmentos recuperados do manuscrito original. Sabe-se que o único texto em latim que existe (século XV) está trancado no Museu Britânico, enquanto o outro (século XVII) está na Bibliothèque Nationale em Paris. Uma edição do século XVII está na Biblioteca Widener em Harvard, na biblioteca da Universidade Miskatonic em Arkham, e também na Universidade de Buenos Aires. Outras numerosas cópias provavelmente existem em segredo, e há rumores insistentes de que uma do século XV faz parte da coleção de um aclamado milionário americano. Um rumor ainda mais vago dá crédito da preservação de uma cópia em grego do século XVI à família Pickman de Salem; mas se estava preservada, ela sumiu com o artista R.U. Pickman, que desapareceu no começo de 1926. O livro é rigidamente proibido pelas autoridades da maioria dos países, e por todas as ramificações eclesiásticas organizadas. Lê-lo traz consequências terríveis. Conta-se que foi a partir de rumores desse livro — sobre o qual poucos do público geral têm conhecimento — que R.W. Chambers derivou a ideia de seu primeiro romance, *O Rei de Amarelo*.

Cronologia

Cerca de de 730 d.C., *Al Azif* é escrito em Damasco por Abdul Alhazred;

Em 950 d.C. o livro é traduzido para o grego como *Necronomicon* por Theodorus Philetas;

É queimado pelo Patriarca Michael em 1050 (ou seja, o texto em grego). O exemplar em árabe está perdido agora;

Em 1228 Olaus traduz do grego para o latim;

A edição em latim (e em grego) de 1232 foi proibida pelo Papa Gregório IX;

No século XIV, é feita a edição em impressão gótica (Alemanha);

Já no século XV, o texto em grego é impresso na Itália;

E no século XVI, é feita a reimpressão espanhola do texto em latim.

EX OBLIVIONE (1921)

Quando meus últimos dias chegaram, e as horrorosas trivialidades da existência começaram a me guiar à loucura como pequenas gotas de água que torturadores incessantemente deixam cair sobre o corpo de suas vítimas, eu amei o irradiante refúgio do sono. Em meus sonhos, encontrei um pouco da beleza que busquei vagamente durante a vida, e perambulei pelos velhos jardins e bosques encantados.

Uma vez, quando o vento estava suave e cheiroso, ouvi um chamado do sul, e velejei infinita e languidamente sob estranhas estrelas.

Uma vez, quando uma calma chuva caiu, deslizei com uma balsa até um escuro canal embaixo da terra, até chegar a um outro mundo, com crepúsculos roxos, pérgulas iridescentes e rosas imortais.

E uma vez, andei por um vale dourado que me levou até sombrios bosques e ruínas, e terminou numa imponente muralha verde repleta de antigas vinhas, e perfurada por um pequeno portão de bronze.

Muitas vezes andei por aquele vale, e cada vez mais eu paralisava naquela espectral meia luz onde árvores gigantes torciam-se e contorciam-se grotescamente, e o chão cinza esticava-se úmido, de tronco em tronco, algumas vezes revelando as rochas cobertas de musgo dos templos enterrados. O objetivo de minhas fantasias era sempre a imponente muralha coberta de vinhas com o pequeno portão de bronze no meio.

Depois de um tempo, com a mesmice cinza dos dias de caminhada começando a se tornar cada vez menos suportável, eu frequentemente ficava à deriva da narcótica paz através do vale e dos sombrios bosques, e eu imaginava como poderia aproveitá-los como minha eterna morada, para eu não precisar mais rastejar de volta para um maçante mundo, despido de coisas interessantes e novas cores. E assim que eu olhei sobre o pequeno portão na imponente muralha, senti que através dela havia um país dos sonhos, que uma vez adentrado, não haveria retorno.

Então, a cada noite de sonho, eu lutava para achar o trinco do portão na convidativa velha muralha, mesmo que ele estivesse muito bem escondido. Eu imaginava que o reino além da muralha não era meramente mais dourado, como também mais adorável e radiante.

Em uma noite na cidade-sonho de Zakarion, achei um papiro amarelado, preenchido com os pensamentos dos sábios dos sonhos, que antigamente moravam naquela cidade, e que eram muito sábios para terem nascido no mundo dos acordados. Nele estavam escritas muitas coisas a respeito do mundo dos sonhos, e entre essas coisas havia um trecho que mencionava um vale dourado e um bosque sagrado com templos, e uma grande muralha com um pequeno portão de bronze. Quando li este trecho, eu sabia que ele falava das coisas que eu procurava, portanto, li o papiro por um longo tempo.

Alguns dos sábios dos sonhos escreveram lindamente sobre as maravilhas através do impenetrável portão, mas outros mencionaram horror e desapontamento. Eu não sabia em quem acreditar, mesmo que almejasse cada vez mais cruzar as fronteiras daquela terra desconhecida; pois a dúvida e o mistério são a tentação das tentações, e nenhum horror pode ser mais terrível do que a tortura diária da vida comum. Então, quando eu descobri sobre uma droga que poderia desbloquear o portão e dar acesso à passagem, resolvi usá-la quando acordasse.

Na última noite, eu engoli a droga e flutuei para o vale dourado e os bosques sombrios, e quando cheguei à velha muralha, vi que o pequeno portão de bronze estava entreaberto. Dele, veio um brilho que estranhamente iluminou as gigantes árvores retorcidas e o topo dos templos enterrados, e o adentrei na sonora expectativa de uma gloriosa terra de onde jamais retornaria.

Assim que o portão se abriu e a magia da droga e do sonho me empurravam através dele, eu soube que todas as visões e glórias tinham chegado ao fim; naquele novo reino não havia terra ou mar, apenas o vazio branco de um ilimitado e inabitado espaço. Então, mais feliz do que já sonhei estar, eu me dissolvi naquele nativo infinito do cristal do esquecimento, de onde a diabólica vida me tirou por uma breve e desolada hora.

MEMÓRIA (1919)

No vale de Nis, a sombria lua minguante brilha enfraquecidamente, abrindo espaço para sua luz com débeis chifres através da mortífera folhagem de uma grande árvore-de-upas. E nas profundezas do vale, onde a luz não chega, movem-se formas desagradáveis de se olhar. Grosseira é a pastagem em cada encosta, onde cruéis vinhas e trepadeiras rastejam no meio das ruínas de palácios, geminando-se com força sobre colunas quebradas e estranhos monólitos, erguendo pavimentos de mármore colocados por mãos esquecidas. E em árvores, que crescem gigantes em um desmoronado terreno, pulam pequenos símios, enquanto, entrando e saindo de cofres com pequenos tesouros, contorcem-se serpentes e outras coisas escamosas sem nome.

Vastas são as pedras que dormem entre cobertores de musgo úmido, e imponentes eram os muros de onde elas caíram. Seus construtores os edificaram para toda a eternidade, e, de fato, eles ainda servem nobremente, pois abaixo deles a rã cinza faz sua casa.

No fundo do vale permanece o rio Than, cujas águas são limosas e cobertas de ervas. De nascentes escondidas ele cresce, e para grutas subterrâneas ele flui, de modo que o Demônio do vale não saiba por que suas águas são vermelhas, nem para onde elas correm.

O Gênio que assombra os raios de luz lunar falou com o Demônio do vale dizendo: "Eu estou velho e esquecido. Diga-me sobre os feitos, aspectos e nomes dos que construíram essas coisas de pedra." E o Demônio respondeu: "Eu sou Memória, e sei de muito no que se refere ao passado, mas também estou velho. Esses seres foram como as águas do rio Than, não puderam ser entendidos. De seus feitos não me lembro, pois eram apenas momentâneos. Do seu aspecto, eu me lembro muito pouco, mas era parecido com o daqueles pequenos símios nas árvores. De seu nome, eu me lembro claramente, pois rimava com o nome do rio. Esses seres de outrora eram chamados de Homem."

Então, o Gênio voou de volta para a fraca lua córnea, e o Demônio olhou atentamente para um pequeno símio em uma árvore que crescia em um terreno desmoronado.

O CLÉRIGO DO MAL (1933)

Fui conduzido para o quarto no sótão por um circunspecto homem de aparência inteligente, com roupas discretas e uma barba grisalha, que falou comigo desta forma:

— Sim, ele morou aqui, mas eu o aconselho a não mexer em nada. Sua curiosidade o deixa irresponsável. Nós nunca viemos aqui à noite, justamente por vontade dele. Você sabe o que ele fez. Aquela sociedade abominável cuidou de tudo no final, e não sabemos onde ele está enterrado. Não tinha como a lei ou qualquer outra coisa chegar até essa sociedade.

"Eu espero que você não fique aqui até o anoitecer. E eu lhe imploro para que não toque naquela coisa na mesa, aquela que se parece com uma caixa de fósforos; apenas deixe-a lá. Nós não sabemos o que é, mas suspeitamos que tenha algo a ver com o que ele fez. Nós até mesmo evitamos olhar para aquilo o tempo todo."

Depois de um tempo, o homem me deixou sozinho no sótão. O aposento estava muito sujo e empoeirado, além de primitivamente mobiliado, mas tinha a elegância de não se mostrar como o quarto de um favelado. Haviam prateleiras repletas de livros teológicos e clássicos, além de outra estante contendo tratados de magia: Paracelso, Alberto Magno, Trithemius, Hermes Trismegisto, Borellus e outros em estranhos alfabetos, cujos títulos não pude decifrar. A mobília era bem comum. Tinha uma porta, que levava ao closet. A única saída era a abertura no chão, que levava à rústica escada. As janelas tinham um padrão arredondado, e as vigas de carvalho negro revelavam sua inacreditável antiguidade. Claramente, a casa era do velho mundo. Eu achava que sabia onde estava, mas não consegui lembrar o que até então sabia. Certamente, não estava em Londres. Minha impressão era a de estar em um pequeno porto.

O pequeno objeto na mesa me fascinou intensamente. Eu sentia que sabia o que fazer com aquilo, por isso saquei minha lanterna elétrica de bolso — ou algo semelhante — e nervosamente testei seu flash. A luz não era branca, e sim violeta, e parecia-se muito mais com um bombardeio radioativo do que com uma luz elétrica. Lembrei-me de que eu não a usava como uma lanterna normal. De fato, eu tinha uma lanterna comum em outro bolso.

Estava escurecendo, e as chaminés e os antigos telhados lá fora pareciam muito esquisitos através das janelas redondas. Finalmente, criei coragem e apoiei o pequeno objeto na mesa contra um livro e liguei a lanterna dos raios violeta sobre ele. A luz agora parecia mais uma chuva de pequenas partículas violetas do que de um raio contínuo. Assim que as partículas atingiam a superfície de vidro no centro do estranho dispositivo, ela parecia produzir um barulho crepitante, como o cuspir de um tubo a vácuo por onde passam faíscas. A superfície de vidro negra liberou um brilho rosa, e uma vaga forma branca parecia tomar forma em seu centro. Foi quando eu notei que não estava sozinho no quarto, e coloquei meu projetor de raios de volta no bolso.

O intruso não falou nada — e eu não ouvi nenhum som nos momentos seguintes. Tudo era uma sombria pantomima, como se contemplada de uma vasta distância através de uma neblina interposta — entretanto, por outro lado, o intruso e todos os outros que vieram depois apareceram grandes e próximos, como se estivessem ao mesmo tempo perto e longe, respeitando alguma geometria anormal.

O intruso era magro, escuro, de tamanho médio e usava roupas clericais da Igreja Anglicana. Ele tinha por volta de trinta anos, tez morena e vívida, bons traços, mas uma testa anormalmente grande. Seus cabelos negros eram bem cortados e penteados. Tinha o rosto limpo, apesar da barba rala que crescia de seu queixo. Ele usava óculos sem aro, com hastes de metal. Seus traços pareciam com os de qualquer outro clérigo que eu já tenha visto, se não fosse por sua testa vastamente grande, sua pele escura e seu olhar sábio, porém muito sutil e malvado. Até o presente momento, tendo apenas ligado um lampião fajuto, ele parecia nervoso, e, antes que eu percebesse, ele jogava todos os livros de mágica em uma lareira do lado da janela onde a parede ficava suavemente inclinada, coisa que eu não havia notado antes. As chamas devoraram vorazmente os volumes, liberando estranhas cores e emitindo hediondos odores, enquanto folhas com estranhos hieróglifos e ligações vermiculares sucumbiram ao devastador elemento. De supetão, notei que havia outros na sala — homens de semblante sério com roupas clericais, com um deles usando faixas e calções de bispo. Mesmo que eu não escutasse nada, pude notar que eles estavam levando uma informação de vasta importância para o primeiro que chegou. Eles pareciam odiá-lo e temê-lo ao mesmo tempo, e ele parecia sentir o mesmo por eles. Seu rosto fez uma expressão sinistra e eu pude ver sua mão direita tremendo enquanto tentava puxar uma cadeira. O bispo apontou para as estantes vazias e para a lareira — onde as chamas haviam morrido sob uma massa carbonizada e disforme — com uma peculiar repulsa. Então, o primeiro que chegou deu um sorriso bem irônico e colocou a mão sobre o pequeno objeto na mesa. Todos no quarto pareciam assustados. A procissão dos clérigos começou ocupando as escadas, através do alçapão no chão, virando e fazendo gestos ameaçadores assim que saíam. O bispo foi o último a ir embora.

O primeiro que havia chegado foi ao armário nos fundos do quarto e tirou de lá um rolo de corda. Montando numa cadeira, ele amarrou a ponta da corda a um gancho que estava exposto na viga central de carvalho negro, e começou a fazer um laço com a outra ponta. Percebendo que estava prestes a se enforcar, eu avancei sobre ele na tentativa de dissuadi-lo ou salvá-lo. Ele me viu e cessou seus preparativos, olhando para mim com um certo triunfo, que me intrigou e perturbou. O homem lentamente desceu da cadeira e começou a deslizar até mim com um sorriso lupino em sua escura e lisa face.

Eu me senti de alguma forma sob uma ameaça fatal, e saquei o projetor de raios como uma arma de defesa. O porquê de ter achado que aquilo poderia me ajudar eu não sei. Eu liguei e mirei em seu rosto, e vi seus pálidos traços brilharem com uma luz violeta e depois com uma luz rosa. Sua expressão maléfica começou a dar lugar a um profundo medo, mesmo que não perdesse totalmente sua tez exultante. Ele parou seu avanço, e então, balançando seus braços selvagemente para o ar, começou a cambalear para trás. Eu vi que ele estava indo para a beirada do alçapão no chão e tentei avisá-lo, mas ele não me ouviu. Um momento depois, ele caiu pela abertura e eu o perdi de vista.

Eu me movi com dificuldade pela escada, mas quando cheguei ao seu fim, não achei nenhum corpo caído no chão. Em vez disso, havia uma algazarra de pessoas com lanternas, e o místico e fantasmagórico silêncio havia sido quebrado, e mais uma vez ouvi sons e vi figuras normalmente tridimensionais. Algo evidentemente chamou a atenção da multidão ao local. Teria sido algum som que eu não ouvi? No mesmo instante, duas pessoas — simples aldeões, aparentemente — que lideravam a massa me viram, e ficaram paralisados. Um deles gritou alto:

— Ahhh!... é você? De novo?

Então todos eles se viraram e fugiram freneticamente. Todos menos um. Quando a multidão se foi eu vi o homem de barba grisalha que havia me trazido até o local, sozinho e segurando uma lanterna. Ele me encarava ofegante e fascinado, mas não parecia estar com medo. Então, ele começou a subir as escadas e se juntou a mim no sótão. Ele disse:

— Então, você não deixou aquela coisa no lugar dela! Sinto muito. Eu sei o que aconteceu. Já aconteceu uma vez antes, mas o homem ficou tão perturbado que atirou em si mesmo. Você não deveria ter trazido ele de volta. Você sabe o que ele quer. Mas não deve ter se apavorado tanto quanto o outro homem. Algo muito estranho e terrível aconteceu com você, mas não foi tanto a ponto de ferir sua mente e personalidade. Se você ficar calmo, e aceitar a necessidade de fazer certos ajustes radicais na sua vida, você poderá continuar aproveitando-a e usufruindo da sua bolsa de estudos. Mas você não pode morar aqui, e acho que não quer voltar para Londres. Aconselho você a ir para os Estados Unidos. Não dá para tentar mais nada com essa... coisa. Nada pode fazer você voltar a ser como era antes. Só pioraria tudo fazer — ou invocar — alguma coisa. Você não está tão ruim como poderia ter ficado, mas precisa sair daqui logo e permanecer longe. Agradeça aos céus pela coisa não ter sido pior... Vou prepará-lo para o pior o mais prontamente possível. Houve uma certa mudança... em sua aparência. Ele sempre faz isso. Mas em um novo país você pode se acostumar. Tem um espelho do outro lado do quarto, e eu o levarei até ele. Você terá um choque, mas não verá nada repulsivo.

Eu estava tremendo de medo, e o homem barbudo quase teve que me carregar enquanto me levava até o espelho com um lampião fajuto (o que estava na mesa, não o que ele havia trazido antes) em sua outra mão. Foi isso que o reflexo me mostrou: um fino homem de pele escura, tamanho médio e vestes clericais da Igreja Anglicana, por volta dos trinta anos, com óculos de metal sem aros brilhando sob uma pálida e lisa testa de tamanho anormal.

Eu era o silencioso clérigo que queimou seus livros.

Pelo resto da minha vida, ao menos superficialmente, eu seria aquele homem!

O LIVRO (1933)

Minhas memórias estão muito confusas. Inclusive há muitas dúvidas sobre onde elas começam, pois algumas vezes eu tenho aterrorizantes visões de anos se alongando atrás de mim, enquanto outras vezes parece que o momento presente é um ponto isolado numa infinidade cinzenta e disforme. Não estou nem certo sobre como estou transmitindo essa mensagem. Enquanto sei que estou falando, tenho uma vaga impressão de que uma estranha e talvez terrível mediação seja necessária para carregar o que digo aos pontos onde desejo ser ouvido. Além disso, minha identidade é perturbadoramente ofuscada. Pareço ter sofrido um grande choque – talvez de alguma completa monstruosidade, fruto dos meus ciclos de uma única e inacreditável experiência.

Esses ciclos de experiência, é claro, têm origem naquele livro coberto por vermes. Lembro-me de quando o encontrei, em um lugar com iluminação fraca, próximo ao rio escuro e oleoso onde a névoa está sempre se espalhando. Esse lugar era muito antigo, e as prateleiras que se erguiam até o teto e estavam cheias de volumes apodrecidos seguiam sem fim até os fundos por entre salas sem janelas ou passagens. Além disso, haviam grandes amontoados disformes de livros no chão e em caixotes, e foi em um desses amontoados que encontrei a coisa. Eu nunca soube o título daquele livro, pois as primeiras páginas estavam faltando, mas ele caiu aberto próximo às páginas finais, dando-me um vislumbre de algo que fez meus sentidos vacilarem.

Havia uma fórmula – uma espécie de lista de coisas para dizer e fazer – que eu reconheci como algo obscuro e proibido; algo que li antes em parágrafos furtivos com um misto de aversão e admiração, escrito por aqueles estranhos e antigos investigadores dos segredos do Universo, dos quais eu adorava absorver o conteúdo dos escritos. Era uma chave, um guia, para certos portões e passagens que os místicos sonharam e sussurraram desde que a raça humana era jovem, o que levou a libertações e descobertas além das três dimensões e reinos da vida e da matéria que conhecemos. Há séculos que nenhum homem se lembrava de sua substância vital ou sabia onde encontrá-la, mas esse livro era realmente muito antigo. Não foi uma prensa, mas a mão de algum monge meio enlouquecido que havia traçado essas frases latinas sinistras em unciais de espantosa antiguidade.

Eu me lembro de como o velho me olhou de soslaio, riu nervosamente e fez um curioso sinal com a mão quando levei o livro embora. Ele recusou o pagamento pela obra, e somente muito tempo mais tarde eu deduzi o motivo. Enquanto eu corria para casa através daquelas ruas estreitas, sinuosas e sufocadas pela neblina à beira-mar, tinha a terrível sensação de estar sendo seguido sorrateiramente por pés com passos suaves. As casas centenárias e cambaleantes de ambos os lados pareciam vivas e aparentavam uma malignidade fresca e mórbida – como se um portal obscuro de conhecimento demoníaco tivesse sido aberto abruptamente. Senti que aquelas paredes e arestas suspensas, feitas de tijolos cobertos por mofo e madeiras e reboco com fungos – com janelas estranhas em forma de diamante, que pareciam olhos à espreita –, mal podiam resistir a avançar e me esmagar... e eu apenas li o último fragmento daquela blasfema runa antes de fechar o livro e trazê-lo.

Lembro-me de como finalmente li o livro – com o rosto pálido e trancado no sótão que há muito havia deixado exclusivo para pesquisas singulares. A grande casa estava bem quieta, pois só subi após a meia-noite. Acho que abrigava uma família na época, embora os detalhes sejam incertos, e sei também que havia vários criados. Mas qual era o ano, não consigo dizer, pois desde então tenho conhecido vários anos e dimensões, e tive todas as minhas noções de tempo dissolvidas e reformuladas. Foi à luz de velas que li – eu lembro do implacável respingo das velas – e do som de sinos que soavam vez ou outra, vindos de campanários distantes. Eu parecia acompanhar aqueles sinos com uma atenção peculiar, como se temesse ouvir alguma nota muito distante e intrusa entre eles.

E então veio o primeiro arranhão na janela do dormitório que dava para os outros telhados da cidade. Ele veio enquanto eu murmurava em voz alta o nono verso daquele volume primitivo, e eu soube, entre meus tremores, o que aquilo significava. Pois aquele que passa pelos portões sempre ganha uma sombra, e nunca mais ele estará sozinho. Eu o havia evocado, e o livro realmente era tudo o que eu havia suspeitado. Naquela noite eu atravessei o portão para um vórtice de tempo, e quando a manhã me encontrou no sótão, vi nas paredes, prateleiras e equipamentos o que eu nunca tinha visto antes.

Tampouco pude ver o mundo como o conhecera. Misturado ao momento presente sempre havia um pedaço do passado e outro do futuro, e cada objeto que uma vez fora familiar parecia alienígena na nova perspectiva trazida pela minha visão amplificada. Desde então, caminhei num sonho fantástico de formas desconhecidas e meio conhecidas; e a cada novo portal atravessado, menos claramente eu reconhecia as coisas da esfera estreita à qual eu tinha sido vinculado. O que eu conseguia ver em mim ninguém mais via; e me tornei duplamente silencioso e distante para não ser considerado louco. Os cães tinham medo de mim, pois sentiam a sombra externa que nunca mais me deixou. Mesmo assim eu ainda lia – em livros e pergaminhos escondidos e esquecidos aos quais minha nova visão me guiou – e atravessei os novos portais do espaço, do ser e dos padrões de vida em direção ao núcleo do Cosmos desconhecido.

Eu me lembro da noite em que fiz os cinco círculos concêntricos de fogo no chão, e fiquei de pé no círculo central entoando aquela litania que o mensageiro do Tártaro trouxera. As paredes derreteram, e eu fui carregado por um vento negro através de golfos de um cinza insondável com os picos de montanhas desconhecidas quilômetros abaixo de mim. Após algum tempo houve escuridão total, e então a luz de uma miríade de estrelas formou estranhas constelações alienígenas. Finalmente, vi uma planície iluminada e verde ao longe, abaixo de mim, e discerni nela as torres retorcidas de uma cidade construída em nenhum estilo que eu conheci de fato ou sonhei. Enquanto flutuava mais próximo dessa cidade, vi uma grande praça feita de pedra em um espaço aberto, e senti um medo aterrador tomando conta de mim. Gritei e lutei, e, após passar por um vazio, eu estava novamente no meu sótão, jogado sobre os cinco círculos fosforescentes no chão. Na viagem daquela noite não havia mais estranheza do que em várias noites anteriores, mas havia um horror maior, já que eu sabia que estava mais próximo daqueles abismos e mundos remotos do que jamais estive. Por essa razão, eu me tornei mais cauteloso com meus encantamentos, pois não tinha nenhum desejo de ser retirado do meu corpo e da Terra em abismos desconhecidos de onde nunca poderia retornar.

O POVO ANTIGO (1927)

Terça-feira, 3 de Novembro de 1927

Querido Melmoth

Então, você está ocupado analisando o passado sombrio daquele insuportável jovem asiático, Varius Avitus Bassianus? Argh! Há poucas pessoas que eu detesto mais do que aquele pequeno e maldito rato sírio!

Eu tenho sido levado de volta para a época dos romanos por minha recente leitura de James Rhoades' *Æneid*, uma tradução que eu nunca tinha lido antes, e mais fiel a P. Maro do que qualquer outra versão metrificada que eu já tenha visto — incluindo aquela do meu falecido tio Dr. Clark, que não chegou a ser publicada. Essa diversão virgiliana, junto dos espectrais pensamentos incidentes a All Hallows' Eve com seus Sabbaths de Bruxas nas colinas, produziu em mim, na última segunda-feira à noite, um sonho romano de suprema clareza e vividez, além de titânicos prognósticos de horrores escondidos, os quais eu espero algum dia explorar em uma ficção. Sonhos romanos não eram incomuns em minha juventude. Eu costumava seguir o Divino Júlio por toda a Gália como um cavaleiro Tribunus Militum — mas fazia tanto tempo que não tinha esses sonhos, que este último me impressionou fortemente.

Havia um radiante pôr do sol na pequena cidade provincial de Pompeu, localizada ao pés dos Pirineus, na Hispânia Citerior. Devia ser por volta do final do período republicano, pois a província ainda era comandada por um procônsul em vez de uma guarda pretoriana de Augusto, e era um dia antes das calendas de novembro. As colinas subiam escarlates e douradas pelo norte da pequena cidade, e o sol, a oeste, brilhava de forma avermelhada e mística nos brutos e novos edifícios de pedra e gesso do empoeirado fórum, e nas paredes de madeira do circo a certa distância a leste. Grupos de cidadãos — colonizadores romanos com grandes sobrancelhas e nativos romanizados de cabelo crespo junto de híbridos das duas estirpes, vestidos de baratas togas de lã — e pitadas de legionários armados e homens da tribo dos vascões com barbas negras e malvestidos — todos atropelando-se nas ruas pouco pavimentadas e no fórum; movidos por uma vaga e mal definida inquietação.

Eu mesmo acabara de descer de uma liteira, que os carregadores da Ilíria pareciam ter trazido às pressas de Calahorra, de Iberus até o sul. Acho que eu era um questor provincial chamado L. Cælius Rufus, e havia sido convocado pelo procônsul P. Scribonius Libo, que tinha vindo de Tarraco alguns dias atrás. Os soldados eram a quinta coorte da décima-segunda legião abaixo do tribuno militar Sex. Asellius; e o legado de toda a região, Cn. Balbutius também tinha vindo de Calahorra, onde ficava a esquadra permanente.

A razão do encontro eram os horrores que chocavam as colinas. Todo o povo da cidade estava apavorado, e imploravam a presença da coorte de Calahorra. Estávamos na terrível estação de outono, e os selvagens das montanhas estavam preparando assombrosas cerimônias, as quais eram o assunto mais comentado nas cidades. Eles eram um povo muito antigo que habitara o topo das colinas e falava em uma agitada língua que os vascões não conseguiam entender. Eram raramente vistos; mas algumas vezes no ano eles enviavam pequenos e amarelos mensageiros de olhos vesgos (que se pareciam com os citas) para fazer comércio com os mercadores através de gestos, e toda primavera e outono eles faziam os infames ritos nos picos, e seus uivos e altares de fogo aterrorizavam as vilas. Era sempre o mesmo — na noite anterior às calendas de maio e na noites anterior às calendas de novembro. Pessoas da cidade sumiam antes destas noites e nunca mais eram vistas de novo. E havia boatos de que os pastores e fazendeiros nativos eram bem alinhados com o povo antigo, pois mais de uma cabana de palha ficava vaga pouco antes da meia-noite durante os dois hediondos rituais.

Este ano o temor era grande, pois o povo sabia que a ira do povo antigo cairia sobre Pompeu. Três meses antes, cinco dos pequenos comerciantes vesgos tinham descido das colinas, e em uma briga no mercado, três deles foram mortos. Os dois que sobraram voltaram atônitos para as montanhas — e neste outono, nenhum aldeão havia sumido. Havia uma ameaça nesta clemência. Não era comum que o povo antigo poupasse suas vítimas no Sabbath. Era bom demais para ser verdade, e os aldeões estavam com medo.

Por muitas noites, houve uma batucada oca nas colinas, e o edil Tib. Annæus Stilpo (de sangue mestiço) enviou Balbutius em Calahorra com uma coorte, com o objetivo de acabar com o Sabbath na noite terrível. Balbutius recusou imprudentemente, argumentando que o temor dos aldeões era sem fundamento, e que os repugnantes ritos do povo da colina nada importavam ao povo romano, a menos que os cidadãos estivessem sob ameaça. Eu, entretanto, que parecia ser um amigo próximo de Balbutius, discordei dele, dizendo que tinha estudado profundamente suas esquecidas e sombrias origens, e que eu acreditava que o povo antigo era capaz de realizar diversos males inomináveis à cidade, que afinal de contas era um povoado romano contendo um grande número de cidadãos. A mãe do queixoso edil, Helvia, era romana pura, filha de M. Helvius Cinna, que comandou o exército de Cipião. Então, enviei um escravo — um pequeno e ligeiro grego chamado Antipater — ao procônsul levando cartas. Escribônio atendeu meu apelo, e ordenou que Balbutius enviasse a quinta coorte de Asellius até Pompeu e entrasse nas colinas ao anoitecer durante as calendas de novembro, colocando fim a qualquer estarrecedor ritual que ele viesse a encontrar e trazendo os prisioneiros até Tarraco, para serem julgados pelo pretor. Balbutius, entretanto, protestou, e mais correspondências tiveram que ser enviadas. Eu escrevi tanto que o procônsul ficou seriamente interessado na questão, e resolveu fazer, em pessoa, um inquérito deste horror.

Enfim, ele se dirigiu até Pompeu com seus lictores e assistentes; que ouviram rumores suficientes para estarem bastante impressionados e perturbados, mas permanecendo firmes em seu trabalho de impedir o Sabbath. Em desejo de se encontrar com quem havia estudado o assunto, ele me mandou acompanhar a coorte de Asellius — e Balbutius também veio junto para defender seu conselho adverso, pois ele realmente acreditava que uma drástica ação militar iria agitar um perigoso distúrbio entre os vascões, tanto nativos quando colonizados.

Então, ali estávamos todos na colina, durante o místico pôr do sol de outono. O velho Escribônio Libo em sua toga praetexta, com a luz dourada em sua brilhante careca e enrugada face com olhar de gavião, Balbutius com seu brilhante capacete, armadura e lábios, em um rosto barbeado, comprimido em consciente e persistente oposição, o jovem Asellius com suas polidas grevas e ar de superioridade, além da curiosa multidão de aldeões, legionários, tribais, camponeses, lictores, escravos e assistentes. Eu parecia usar uma toga comum, e não tinha nenhuma característica marcante. O horror brotava em todo canto. A cidade e a população mal falavam, e os homens da comitiva de Libo, que estavam lá há quase uma semana, pareciam começar a entender algo da ameaça inominável. O velho Escribônio parecia bem sério, e as vozes agudas vindas de nós que chegamos depois, pareciam conter uma curiosa inadequação, em se tratando de um lugar de morte ou o templo de algum deus.

Entramos no pretório e tivemos uma séria conversa. Balbutius forçou suas objeções e foi apoiado por Asellius, que parecia manter todos os nativos em extremo contentamento, mas ao mesmo tempo julgando desaconselhável animá-los. Ambos os soldados defenderam que seria melhor nos darmos ao luxo de antagonizar a minoria de colonos e nativos civilizados por inação, do que antagonizar uma provável maioria de tribais e camponeses acabando com os ameaçadores rituais.

Eu, por outro lado, retomei minha demanda por uma ação, e me ofereci para acompanhar a coorte em qualquer expedição que viesse a ocorrer. Pontuei que os bárbaros vascões eram não mais do que turbulentos e duvidosos, por isso conflitos com eles seriam inevitáveis, mais cedo ou mais tarde, fosse qual fosse o nosso destino; eles se provaram inofensivos adversários para as nossas legiões, e não convinha aos representantes do povo romano permitir que os bárbaros interferissem no curso que a justiça e o prestígio da República exigiam. Por outro lado, uma bem-sucedida administração de uma província dependia primariamente da segurança e boa vontade do elemento civilizado, cujas mãos descansavam o maquinário do comércio local, e em cujas veias uma grande mistura de seu sangue italiano corria. Estes, ainda que em números formassem uma minoria, eram o elemento central cuja constância poderia ser confiada, e cuja cooperação ligaria mais firmemente a província ao Senado do Império e ao povo romano. Era um dever e uma vantagem para garantir a eles proteção devida aos cidadãos romanos; até mesmo (e nesse momento vi um olhar sarcástico de Balbutius e Asellius) às custas de um pequeno problema e do cansaço, e de uma pequena interrupção no jogo de damas e brigas de galo no acampamento em Calahorra. O perigo à cidade e aos habitantes de Pompeu é real, e graças aos meus estudos, não resta dúvida disso. Eu li muitos pergaminhos da Síria e do Egito, e das finadas cidades de Etruria, e tive longas conversas com o sanguinário sacerdote de Diana Aricia em seu templo no bosque na fronteira com o Lacus Nemorensis. Existem males chocantes que podem descer das colinas durante o Sabbath; males que não deveriam existir dentro do território do povo romano; e permitir que rituais desse tipo prevaleçam no Sabbath, estaria muito pouco em consonância com os costumes de cujos antepassados, alguns dos quais A. Postumius, como cônsul, executou tantos cidadãos romanos pela prática do Bacanal — um assunto guardado na memória pelo Senatus Consultum de Bacchanalibus, esculpido em bronze e aberto para todos os olhos. Se agirmos a tempo, não há nada que o progresso dos ritos possa evocar e que o ferro de um pilo romano não possa resolver. O Sabbath não será grande coisa para a força de uma única coorte. Apenas os participantes precisarão ser apreendidos, e o fato de poupar um mero número de espectadores diminuiria consideravelmente o ressentimento que qualquer aldeão simpatizante pudesse sentir. Em resumo, tanto as doutrinas quanto as políticas demandam uma ação severa; e eu não poderia duvidar que Publius Escribônio, sabendo da dignidade e das obrigações do povo romano, aderiria a seu plano de despachar a coorte, junto de mim, apesar de tais objeções de Balbutius e Asellius — falando mais como provinciais do que como romanos — podem considerar adequado a oferecer e multiplicar.

O místico sol agora estava muito baixo, e a silenciosa cidade parecia coberta por um irreal e maligno esplendor. Então, P. Escribônio, o procônsul, assinou a aprovação de minhas palavras, e colocou-me na coorte com equipamentos provisórios de um centurião primipilus; Balbutius e Asellius concordaram, o primeiro com mais cortesia que o último. Assim que o crepúsculo de outono caiu nas encostas, uma hedionda batida de estranhos tambores se escutou à distância em um ritmo terrível. Alguns dos legionários se mostraram intimidados, mas duros comandos os trouxeram de volta na linha, e toda a coorte foi logo trazida de volta para a planície a leste do circo. O próprio Libo, assim como Balbutius, insistiu em acompanhar a coorte; mas houve grande dificuldade em entender os caminhos de um guia nativo na montanha. Finalmente, um jovem chamado Vercellius, filho de romanos puros, aceitou nos levar pelo menos até o sopé da montanha. Começamos a marchar ao entardecer, com a fina e prateada luz da lua minguante tremulando nos bosques à nossa esquerda. O que mais nos inquietava era o fato de que o Sabbath aconteceria. Relatórios da próxima coorte devem ter chegado às colinas, e até mesmo a falta de uma decisão final não poderia fazer o rumor menos alarmante — mas, ainda haviam os sinistros tambores de outrora, como se os celebrantes tivessem algum motivo peculiar para serem indiferentes quanto às forças romanas marchando contra eles. O som ficava mais alto enquanto entrávamos em um vão crescente nas colinas, com margens íngremes e arborizadas cercando-nos estreitamente em ambos os lados, e revelando curiosos e fantásticos troncos de árvore sobre as nossas tochas de luzes tremulantes. Todos estávamos a pé, salvo Libo, Balbutius, Asellius, dois ou três centuriões e eu, porém uma parte do caminho ficou tão estreita, que os que iam a cavalo foram obrigados a desmontá-los; um esquadrão de dez homens nos deixou para guardá-los, pois bandos de ladrões seriam algo comum em uma noite dessas. De vez em quando, parecia que avistávamos uma forma esquelética por perto nos bosques, e depois de meia hora de escalada, os declives e estreitos do caminho fizeram com que um avanço de um grande corpo de homens — por volta de 300 — fosse demasiado incômodo e difícil. Então, como uma absoluta e horrorosa surpresa, ouvimos um assombroso som vindo de baixo. Eram os cavalos amarrados — eles *gritaram,* não relincharam, *gritaram...* e não havia nenhuma luz lá embaixo, ou o som de qualquer coisa humana, que revelaria o que teria sido feito. No mesmo momento, fogueiras se acenderam em todos os picos à frente, e aquele horror parecia espreitar-se igualmente às nossas costas. Olhando para o jovem Vercellius, nosso guia, achamos apenas um corpo caído, envolto em uma piscina de sangue. Em sua mão havia uma pequena espada surrupiada do bolso de D. Vibulanus, um subcenturião, e em seu rosto havia um olhar de terror, que fez com que até os mais fortes veteranos empalidecessem com aquela vista. Ele havia se matado quando os cavalos gritaram... ele, que tinha nascido e passado toda a sua vida na região, sabia dos rumores sobre as colinas. Todas as tochas agora começavam a escurecer, e o choro dos legionários amedrontados se misturou aos incessantes gritos dos cavalos amarrados. O ar ficou perceptivelmente mais frio, mais subitamente do que o normal para o começo de novembro, e parecia ter sido transformado por uma terrível ondulação que eu imaginei ser um bater de imensas asas. Toda a coorte permanecia parada, e conforme as tochas iam se apagando, eu vi o que pareciam ser fantásticas sombras contornadas no céu pela espectral luminosidade da Via Láctea, seguida por Pégaso, Cassiopeia, Cefeu e Cisne. De repente todas as estrelas se apagaram no céu — até mesmo a brilhante Deneb e Vega acima, e a solitária Altair e Fomalhault atrás de nós. E enquanto a luz das tochas morria junto, sobraram acima da abalada e berrante coorte apenas as nocivas e maléficas chamas nos picos; infernais, vermelhas e formando sombras raivosas, saltitantes e colossais de criaturas inomináveis que nenhum sacerdote frígio ou grandam campaniano jamais mencionara nem em seus mais selvagens contos. E acima dos noturnos gritos dos homens e cavalos, aquele batucar demoníaco aumentou de tom enquanto um vento congelante, que chocantemente parecia ter consciência, desceu daquelas alturas proibidas e enrolou cada homem separadamente, até toda a coorte estar lutando e gritando no escuro, como se estivessem imitando o destino de Laocconte e seus filhos. Apenas o velho Escribônio Libo parecia conformado. Ele disse algumas palavras entre a gritaria, e elas ainda ecoam em meus ouvidos: *"Malitia vetus— malitia vetus est... venit... tandem venit..."*

E então, eu acordei. Foi meu mais vívido sonho em anos, arrastado diretamente de uma longa e intocável subconsciência esquecida. Sobre o que aconteceu com a coorte não há registros, mas a cidade ao menos foi salva. Enciclopédias dizem que Pompeu está viva até hoje, sob o nome de Pamplona, em espanhol moderno... Anos de supremacia gótica. — C · IVLIVS · VERVS · MAXIMINVS.

O QUE A LUA TRAZ (1922)

Eu odeio a lua — tenho medo dela — pois quando brilha sobre certos cenários familiares e queridos, ela os torna irreconhecíveis e horrendos.

Foi num verão espectral que a lua brilhou sobre o velho jardim por onde eu vagava; o verão espectral de flores narcóticas e mares de folhagem úmida que trazem sonhos selvagens e multicoloridos. Enquanto caminhava pelo riacho raso e cristalino, vi estranhas ondulações salpicadas por uma luz amarelada, como se aquelas águas plácidas tivessem sido arrastadas por correntes irresistíveis para estranhos oceanos que não fazem parte deste mundo. Silenciosas e cintilantes, brilhantes e nefastas, aquelas águas amaldiçoadas pela lua corriam, mas eu não sabia para onde; enquanto, das margens cobertas de folhas, flores brancas de lótus se agitavam sob o vento embriagante da noite e, uma a uma, caíam desesperadamente na correnteza, rodopiando de maneira horrenda sob a ponte arqueada entalhada, e encarando de volta com uma sinistra resignação de calmas faces mortas.

E enquanto eu corria pela margem, esmagando flores adormecidas com os pés desatentos e o tempo todo enlouquecido pelo medo do desconhecido e pela visão das faces mortas, vi que o jardim não tinha fim sob o luar; pois onde durante o dia os muros ali estariam, agora se estendiam apenas novas paisagens de árvores e trilhas, flores e arbustos, estátuas de pedra e lagoas, e curvas do riacho brilhando em amarelo rente às margens gramadas e sob grotescas pontes de mármore. E os lábios das faces mortas das flores de lótus sussurravam tristes, e me convidavam a segui-las, e não interrompi meus passos até o riacho se tornar um rio, e se unir aos pântanos de juncos vermelhos e praias de areia brilhante que cobriam a costa de um vasto e inominável mar.

Sobre aquele mar, a odiosa lua brilhava, e sobre suas ondas silenciosas estranhos perfumes pairavam. E ao ver que ali os rostos de lótus desapareciam, eu ansiava por redes para poder capturá-las e delas aprender os segredos que a lua trouxera para a noite. Mas quando a lua flutuou para o oeste e a maré tranquila diminuiu da costa soturna, vi sob a luz antigos pináculos que as ondas quase revelaram, e colunas brancas com festões de algas marinhas esverdeadas. E sabendo que todos os mortos vieram até esse lugar submerso, eu tremi e nunca mais desejei falar com as faces de lótus novamente.

Porém, quando vi no horizonte um condor preto descer do céu para descansar em um vasto recife, eu desejei falar com ele e perguntar sobre aqueles a quem conheci quando ainda eram vivos. Eu o questionaria se não estivesse tão longe, mas estava, e não poderia ser visto ao se aproximar do gigantesco recife.

Assim, eu observei a maré baixar sob aquela lua poente, e vi brilharem os pináculos, as torres e os telhados daquela cidade morta e encharcada. E enquanto observava, minhas narinas tentavam se fechar contra o perfume impregnante do mundo dos mortos; pois, na verdade, neste lugar esquecido e deslocalizado, a carne de todos os cemitérios foram reunidas para que vermes inchados marinhos pudessem roer e se fartar.

Sobre esses horrores, a lua maligna agora pendia muito baixa, mas os vermes do mar não precisam de nenhuma lua para se alimentar. Enquanto eu observava as ondas que testemunhavam os vermes se contorcendo logo abaixo, senti um novo calafrio de longe no horizonte desconhecido para onde o condor havia voado, como se minha carne percebesse o horror antes que meus olhos o vissem.

E meu corpo não estremeceu sem razão, pois, quando levantei os olhos, vi que as águas agora estavam muito baixas, revelando muito do vasto recife do qual vi a borda anteriormente. E quando vi que esse recife era apenas a coroa negra de basalto de um eikon[8] assustador, cuja testa monstruosa agora brilhava sob o turvo luar, e cujos cascos maléficos devem pisar no lodo infernal quilômetros abaixo, gritei e berrei para que a face oculta não se elevasse acima das águas e os olhos escondidos não olhassem para mim depois de fugir daquela lua amarela lasciva e traiçoeira.

E para escapar desse ser implacável, mergulhei alegremente e sem hesitar nas águas rasas e fedorentas onde, por entre muros cobertos de algas e ruas inundadas, os gordos vermes marinhos fazem um banquete no mundo dos mortos.

---

8 Palavra grega que originou "icon" em inglês, significa imagem e é usada para nomear pinturas religiosas características da igreja ortodoxa. (N. do R.)

CONFIRA NOSSOS
LANÇAMENTOS AQUI!

Camelot
EDITORA